歴史文化ライブラリー
381

「自由の国」の報道統制

大戦下の日系ジャーナリズム

水野剛也

吉川弘文館

3 目　次

目　次

第二次大戦下の日系アメリカ人と報道統制――プロローグ

日米開戦後、アメリカに於て、アメリカの敵である日本の文字をつかった新聞を発行することは、至難であったにちがいない。
伊藤一男『続・北米百年桜』（北米百年桜実行委員会、一九七二年）、二四四ページ

カタカナの日本人名

新聞やテレビなどで、「カタカナ」の日本人名をもつアメリカ人を目にすることがある。イノウエ、シマブクロ、オニヅカ、ヤマグチ、シブサワ、ゴタンダ、アキノ、などである。

彼らを「日系アメリカ人」という。

その昔、彼らの先祖はわれわれの多くと同じく、日本にうまれ住む日本人であった。しかし、ある者は言論の自由を求めて、ある者は一攫千金《いっかくせんきん》を夢見て、またある者は結婚相手

を見つけるために、アメリカ合衆国へ移住した。その後、彼らの多くは大海のむこう側の「自由の国」に永住することを決意し、懸命に働き、家庭を築き、子孫を残した。

アメリカでうまれ育った第二世代以降は、日本人と同じ名字（アルファベット表記）をもち、外見も日本人のようであるが、アメリカ市民権を有する「日系アメリカ人」となる。彼らの名前がカタカナなのは、日本人の血を引くアメリカ人ゆえである。

二一世紀に入った現在、自分を「日系アメリカ人」、あるいは日系の血を引くと考える人々は、アメリカ全体で一三〇万人以上（二〇一〇年の国勢調査）にのぼる。彼らは学歴や所得額の平均で他の人種・民族グループを凌駕し、各分野でめざましい成功を収めている。政治、法曹、教育、学術研究、農業、漁業、飲食業、情報通信、マス・メディア、さらには芸術、エンターテインメント、スポーツにいたるまで、幅広い領域でカタカナの日本人名が存在感を示している。

本書のテーマと三つの問題

本書が扱うのは、日系アメリカ人のなかでもとくに、日本からアメリカ本土にわたった初代の日本人移民（一世）とその子供（二世）、そして彼らの新聞ジャーナリズムである。

日米が相互に宣戦布告をした一九四一年十二月当時、アメリカ本土には一二万人以上の日系アメリカ人がおり、彼らに日本語で情報を伝える新聞が少なくとも二〇紙以上あった。その多くは、西海岸の主要都市で発行されていた。

この歴史的事実をふまえ、本書は日系人の新聞に対しアメリカ政府がおこなった戦時報道統制を大テーマとして、より具体的には次の三つの問題に取り組む。

（一）日米開戦は、「敵国語」で発行される日系人の新聞にいかなる影響を及ぼしたのか？

（二）開戦から半年後、アメリカ本土の日本語新聞はわずか三紙に激減してしまうが、その間に何が起こったのか？

（三）さらにその後、日系人は住み慣れた土地を追われ集団で遠方に隔離されるが、収容施設（キャンプ）ではどのような新聞が発行され、またどの程度の「言論・報道の自由」が享受されえたのか？

ここで、プロローグである本章を含めた本書全体の構成について簡単にのべておく。プロローグでは、主人公である日系アメリカ人と彼らが第二次世界大戦中に体験した強制立ち退き・収容、またその歴史を学ぶ意義について論じる。つづく第一章と第二章では、日系人と彼らの新聞ジャーナリズムの歴史を概説し、第三章で（一）と（二）の問題を、第四章で（三）の問題を扱う。最終章となるエピローグでは全体を要約した上で、そこから現在、および将来にわたり人類が学ぶべき教訓を引きだす。

日系アメリカ人とは

あらためて、本書の主役である「日系アメリカ人」、もしくは「日系人」を明確に定義しておく。彼らは、日本を出自としながらアメリカ本土に住む人々、つまり、日本から移民としてアメリカ本土にわたった人々、およびその子孫である。

日米両国間で戦争がはじまったとき、アメリカ本土には一二万人強の日系人がいた。その大多数は西海岸の三州（カリフォルニア州・オレゴン州・ワシントン州）に集中していた。なお、ハワイにはそれを上回る一五万人以上の日系人がいたが、彼らの境遇はアメリカ本土の日系人とは大きく異なるため、本書では扱わない。

一世・二世・帰米

日米開戦当時の日系人は、世代の観点から見ると、大まかに三つの集団――「一世」「二世」「帰米」――にわかれていた。

最初のグループは、日本から移住してきた第一世代の日本人移民たちで、一般的に「一世」とよばれる。当時、一世はアメリカ国籍をもつことを許されない「帰化不能外国人」、つまり、アメリカ人としての市民権がない「外国人」というきわめて不利な立場にあった。

そのうえ、出身国（日本）が居住国（アメリカ）の「敵国」となったことで「敵性外国人」の汚名を着せられ、真珠湾を攻撃した「ジャップ」と同一視されることもしばしばであった。このとき、一世のほとんどは五十代から六十代と比較的高齢で、全日系人人口の約三分の一（約四万七〇〇〇人）を占めていた。

もう一つのグループは、一世の息子・娘たち第二世代の日系人で、一般的に「二世」とよばれる。彼ら二世は、アメリカでうまれ育ち、アメリカ市民権を有する、アメリカ市民である。たとえ両親が「帰化不能外国人」の一世でも、合衆国憲法が定める生地主義により、アメリカで生誕した二世は自動的にアメリカ市民権を保有した。二世の大多数は他のアメリカ人と同じ公教育を受け、英語を母語とし、日本を訪れたこともなく、したがって日本語の読み書きが十分にできる者はきわめて少数であった。開戦当時、二世のほとんどは十代から二十代の青年期にあり、全日系人人口の約三分の二（約七万九〇〇〇人）を占めていた。

最後に、二世のなかには「帰米」とよばれる人々がいた。帰米は、アメリカで出生した日本人移民の子供、つまり「二世」である。しかし、他の大多数の二世と異なるのは、教育を受けるなどの目的で日本にわたり、一定期間滞在したのち、アメリカに戻ってきた点である。このため、帰米のなかには日本語を母語のように使いこなせる者が多く、むしろ英語をほとんど解さない者も少なくなかった。「日本からアメリカへ帰ってきた」という意味で、「帰米二世」、あるいは単に「帰米」とよばれ、アメリカでうまれ育った二世と区別される。日米開戦当時の帰米の総数は定かでないが、数千人と見積もられている。

日米開戦と強制立ち退き・収容

日系アメリカ人にとって日米開戦は、人生を激変させる長い苦難の出発点であった。いまやアメリカの「敵国」となった日本を出自とするがゆえに、アメリカ社会全体からそれまで以上に白眼視されたからである。

開戦以前からも差別的な待遇を受けてはいたが、戦時中に彼らがなめた辛酸は、規模においても質においても過去のそれとは比較にならなかった。もちろん、真珠湾を襲い戦争を仕掛けたのは日本軍であり、アメリカに住む日系人に何ら非があったわけではない。しかし、人種的・民族的な偏見や差別が横行していた一九四〇年代当時のアメリカ社会では、「日本人」とそっくりな「日系人」は、アメリカ市民権をもたない一世はもちろん、れっきとしたアメリカ市民である二世でさえも、「卑怯」で憎むべき「敵」としか見られなかった。

図1　集合所にむかう列車に乗り込む日系人（Still picture by Dorothea Lange, War Relocation Authority［WRA］, May 20, 1942, 210-G-1C-505, National Archives and Records Administration, College Park.）

高まる排日気運を背景に、一九四二年二月、アメリカ連邦政府は西海岸に住む一二万人強の日系人全員を立ち退かせ、内陸部の収容施設（キャンプ）に隔離することを決定した。これが、強制立ち退き・収容政策である。

この戦時政策により、日系人はそれまで営々と築いてきた生活基盤や財産のほぼすべてを失い、人力で運べるだけの荷物とともに、住み慣れた居住地を追われた（図1）。

強制立ち退き・収容は、フランクリン・D・ルーズヴェルト（Franklin D. Roosevelt）大統領が署名した行政命令第九〇六六号にもとづいて実行され、戦中を通じて継続した。大統領が行政命令を発令したのは一九四二年二月十九日、日米開戦から約二ヵ月半後のことである。立ち退かされた日系人のほとんどは、まず緊急につくられた「集合所」（assembly centers）に一時的に集められ、その数ヵ月後、より恒久的な「転住所」（relocation centers）に移された。日系人の人生を大きく狂わせた収容政策は終戦直後までつづいた。

四面楚歌の日系人

もっとも、既述のように日系人が罪を犯したというわけではけっしてなかった。彼らがアメリカの「敵国」を利する反逆的で違法な活動を組織的に実行、あるいは企てていたことを示す証拠は、二一世紀に入った現在も見つかっていない。開戦の直前にルーズヴェルト大統領に提出されていた調査報告書では、むしろ日系人の大半が親米的であり、少なくともアメリカの国益を傷つけるような集団ではないことが強調されていた。立ち退き・収容には合理的な根拠がなかったのである。

にもかかわらず、連邦政府が国家政策として日系人を強制的に追放・隔離しえたのは、人種的・民族的属性を理由に彼らを危険な「敵性外国人」とみなす風潮がアメリカ社会全体に蔓延《まんえん》していたからである。象徴的な例として、根拠もなく日系人を第五列（スパイ・反逆的）行為と結びつける報道は、とくに日米開戦後は日常茶飯事であった。

実際、当時のアメリカ社会の大勢は日系人の立ち退き・収容に賛同していた。一九四二年三月から四月にかけて政府の情報機関が実施した世論調査では、九三％もの人々が一世の立ち退きは「正しいこと」であると答え、他方、それに反対する者はわずか一％にすぎなかった。新聞・雑誌・ラジオなど主要マス・メディアも一様に政府の決定を支持し、その後、連邦最高裁判所も一連の判決で同政策を追認している。

戦後に一変した評価

しかし、そもそも正当性を欠く政策であったがゆえに、立ち退き・収容の評価は戦後になって一変することになる。大戦時はほぼ全社会的に支持されていたこの政策は、現在、アメリカ史のなかで最大の「汚点」「失政」の一つとして広く理解されている。

この社会認識の転換は、とくに一九七〇年代以降、被害を受けた日系人への謝罪・補償を求める「リドレス」(redress) 運動が進展し、一九八〇年代初頭に大きな成功を収めたことで定着していった。連邦議会がもうけた調査委員会は、「人種的偏見、戦時ヒステリア、そして政治的指導者らの過失」が不当な政策を引き起こしたと結論づけ、これを受け議会は一九八八年に「市民的自由法」という名の補償法を成立させている。その結果、立ち退き・収容を受けたすべての存命の日系人は、大統領名による公式な謝罪、さらに一人につき一律二万ドルの補償金を勝ちとった。

「解決済み」でない問題

さて、二一世紀に入った現在、半世紀以上も前に日系人が受けた不当な人権侵害はすでに「解決済み」のように見えるが、けっしてそうではない。いくら政府が謝罪と補償に応じたとはいえ、戦時中の日系人に対する暴挙を、単に遠い過去の異常な出来事として片づけることはできない。ましてや、偶発的に発生した、二度と起こりようがない不運と軽視することはできないのである。

なぜなら、日系人の立ち退き・収容には、将来にわたり人類全体が取り組まなければならない普遍的な課題が集約されているからである。それらの課題とは、たとえば、国家など共同体の利益と個人の自由・権利の衝突、戦時政府の権力拡大と市民の人権保護の矛盾、あるいは、社会全体の団結と異質な少数派に対する寛容性の相克《そうこく》、である。

歴史をふり返れば明らかなように、これらの問題はこれまで、あらゆる時代や場所において、形を変えながら人類を悩ませてきた。「自由の国」と称されるアメリカに限っても、第一次世界大戦時にはドイツ系アメリカ人が不当に弾圧されたし、第二次世界大戦後の冷戦期には社会主義者・共産主義者が冷遇された。さらに二一世紀に入ってからも、二〇〇一年九月十一日の同時多発テロはアラブ系・中東系の人々やイスラム教徒に対する偏見・憎悪を助長させ、それ以前には許されなかったはずの数々の行為が秘密裏に、あるいは公然と実行されている。ある研究者が指摘しているように、第二次世界大戦中に日系人が受けた苦難は、「例外的な事例ではなく、むしろアメリカ史では常態に近い事件」だとさえいえるのである（山倉明弘『市民的自由―アメリカ日系人戦時強制収容のリーガル・ヒストリー』〈彩流社、二〇一一年〉、一七ページ）。

歴史から学ぶ責務

きわめて残念なことではあるが、地球上に人類が存在する限り、今後も同様の問題はあちこちで発生しつづけるだろう。もちろん、日本とて例外ではない。

そして、本書の主題である政府によるジャーナリズムの統制も、普遍的な人類の課題の一種である。とくに戦時など国家が危機に直面しているときには、政府権力は「言論・報道の自由」を制約しようとする。なかでも社会的な少数派や弱者が犠牲になりやすいことは歴史が証明しており、日系人の事例はその典型例である。彼らの体験は、はるか昔の異国で起きた珍事ではなく、アメリカはもちろん日本を含めたあらゆる民主主義国家に共通する、古くて新しい「ありふれた」問題なのである。

現代を生きるわれわれ、そして未来をになう世代には、過去の人類が身をもって示してくれた苦い教訓を、我がこととして学ぶ責務がある。本書はその一助となるために書かれている。

アメリカへわたった日本人と排斥運動

その数の少なさ、政治的に無力であること、そしてカリフォルニアの多くの人々がもつ人種的な感情が……彼ら［日系人］を煽動的な政治家や騒ぎを起こす者たちの格好の餌食にさせたのである。

戦時民間人転住・抑留調査委員会〈Commission on Wartime Relocation and Internment of Civilians, *Personal Justice Denied*〈Washington, D.C.: GPO, 1982〉, 31.〉

アメリカへわたった日本人

明治以前の日本人渡米者

日本人が本格的にアメリカ本土へ移住しはじめたのは、明治維新からしばらく経った一八八〇年代以降のことである。それ以前にも大海のむこう側へわたる日本人はいたが、海難事故に遭った者や、出入国許可を得ずに潜入する密航者、でなければ幕府・政府に派遣される留学生など、いずれにせよ現地に定住せずに帰国する者が大半であった。

明治以前にアメリカの地を踏んだもっとも有名な日本人の一人に、ジョン万次郎こと、中浜万次郎がいる。一八二七年に高知県の漁村でうまれた彼は、もともとは何の変哲もない人物であった。ところが、一八四一年一月、当時十四歳の中浜をのせた鰹船が強風のため漂流してしまう。運命的ともいえるこの事故がなければ、彼は歴史に名を残すことなく生涯を終えていたはずである。

中浜がアメリカにわたったのは、偶然にもアメリカの捕鯨船に救助されたからである。一八四一年六月、伊豆諸島最南端の鳥島で発見され乗船したのち、ハワイなどに寄港し、南アメリカの先端ケープ・ホーンを回って一八四三年五月、ついにアメリカ本土東海岸のマサチューセッツ州ニュー・ベッドフォードに到着した。高知沖での遭難から丸二年以上が経っていた。

数奇な人生はさらにつづく。中浜は現地でジョン・マン（John Mung）とよばれ、学校で測量術や航海術を学び、実に漂流から十年後の一八五一年に琉球を経て故国に戻ったのである。

奇跡的な帰国後、黒船来航から開国、そして明治維新にいたる時代の変革期において、中浜が日米両国の架け橋として活躍したことは広く知られる。

とはいえ、少なくとも本書の趣旨に照らせば、彼のように意図せずして渡米した者を「移民」、ましてや「日系人」とはいい難い。

最初期のハワイ官約移民

恒久的、あるいは比較的長期にわたってアメリカに滞在する「移民」が増えはじめた最初のきっかけの一つは、明治時代中期の一八八六年にハワイ王朝と日本政府との間で交わされた契約労働者に関する協約（予備協約はその二年前に締結）である。これ以降、ほぼ毎年一〇〇〇人を超える日本人が「官約移民」として政府の後援を受けてハワイ諸島に移住し、農業や漁業に従事するようになった。なお、移民に関する協約は一八九四年までつづき、それ以降は政府に代わり移民会社と個人が契約する私約移民制度に移行している。

一八八五年から九四年までの間に総計で約三万人の官約移民が日本からハワイに渡航しているが、彼らの目的はもっぱら「出稼ぎ」であった。いずれ日本に帰国することを前提に、一定期間、離れた土地で重労働に励み高収入を得ようと考えていたのである。実際、官約移民の六割強がハワイで蓄えた財産を手に故郷に戻ったといわれる。

日系アメリカ人の歴史家ユウジ・イチオカ（Yuji Ichioka）が指摘しているように、この時期の日本人移民を象徴する特徴は、「徒手空拳《としゅくうけん》」「一攫千金《いっかくせんきん》」「錦衣帰郷《きんいききょう》」であった（ユウジ・イチオカ、富田虎男・粂井輝子・篠田左多江訳『一世―黎明期アメリカ移民の物語り』〈刀水書房、一九九二年〉、四ページ）。体一つで海外に打ってでて、財をなし、古里に帰り、裕福な暮らしをする。そんな「ジャパニーズ・ドリーム」を胸にいだき、最初期の日本人移民は人生をかけて出立したのである。

アメリカ本土への移住

ところが契約終了後、日本に帰らずさらなる職を求めてアメリカ本土へ転航する者が続出し、カリフォルニア州など西海岸を中心に日本人移民の集落が形成されるようになってきた。もちろん、ハワイを経由せず直接現地にわたる者もいた。この背景として、一八八二年に中国人の入国を禁止する連邦法が成立したことで、アメリカ本土で安価な労働力への需要が高まっていたという事情もある。故郷へ錦を飾るため、日本人の多くは安い賃金で懸命に働いた。なお、ハワイは一八九八年にアメリカに併合され（アメリカの領土＝テリトリーとなり）、一九〇〇年以降は契約労働者の導入が禁じられ、契約にしばられず自由に渡航できるようになった。

後述するように、激しい偏見や差別に遭いながらも日本人がわざわざ大海をまたいだのは、アメリカが相対的に豊かでチャンスに満ちた「自由の国」だと思えたからである。一九〇〇年からは、ほぼ毎年一万人以上の日本人が渡米するようになった。一八八五年から排日移民法が成立する一九二四年までの間に、約一八万人が日本からアメリカ本土に移住している。官約移民がはじまった当初と比べると、徐々に「ジャパニーズ・ドリーム」と

「アメリカン・ドリーム」が接近するようになってきたわけである。

ところで、最初期に直接アメリカ本土に上陸した日本人のなかには、勉学のため、あるいは文字どおり「自由」を求めて故国を離れた者もいた。カリフォルニア州サンフランシスコ周辺の日本人コミュニティでは、一八九〇年代末まではむしろそうした苦学生が過半を占めていた。明治時代を代表する言論人・教育者である福沢諭吉が、若者の海外留学を熱心に推奨していたことは広く知られる。後述するように、最初期のアメリカの日本語新聞の多くも、彼ら青年学徒や政治活動家によって創刊されている。

「出稼ぎ」から永住へ

日本からアメリカへの移住者が数の上で最高潮に達したのは一九〇七年（三万人強）で、さながら「海外移住ブーム」の様相を呈していた。和歌山、広島、山口、福岡、熊本、沖縄などが主要な輩出県であった。一九〇〇年に二万四〇〇〇人強だったアメリカ本土の日系人人口も、その十年後には約三倍の七万二〇〇〇人強まで急増している。

このころになると、最初期にはごく一般的だった「出稼ぎ」志向も徐々に薄れ、現地に永住する傾向が強まっていった。とくにある程度の経済的基盤を築いたり、家族をもつようになると、本来は異郷の地であるはずのアメリカに根をおろす覚悟を決め、かつその必要性を熱心に訴える者が増えてきた。永続的に踏みとどまる決意で懸命に働けば、アメリカ社会の主流派から同じ「アメリカ市民」として受け入れられ、日系人社会全体がさらに発展すると考えたのである。いわば、「ジャパニーズ・ドリーム」と「アメリカン・ドリーム」が一体化しつつあったわけである。

永住を説いた代表的な指導者の一人が、サンフランシスコで日本語日刊紙『日米』を発行していた安孫子《あびこ》久太郎《きゅうたろう》である。彼は自分の新聞を駆使して、持論である「土着永住《どちゃくえいじゅう》」の精神を広める啓蒙運動を積極的に展開した。安孫子と『日米』についてはあらためて論じる。

激しい差別と日本人移民の途絶

しかし、現実はそう甘くなかった。アメリカ本土に到着した日本人たちは、中国人移民に代わる勤勉な労働者として存在感を示す一方で、激しい差別に直面することになった。

アジア人に対する反感

広く「アジア」出身者に対する反感は、日本人の移住が本格化する以前からすでに中国人に対してむけられていた。中国からの集団的な渡米は日本よりも早く一八四〇年代からはじまり、とくに西海岸においては安価な労働力として重宝された。しかし、肌の色といった外見、あるいは労働・生活習慣の違いなどから彼らを敵視する風潮が強まり、一八八二年には排華移民法が成立し、中国人労働者の入国が全面的に禁じられてしまった。

排斥を受けた中国人に代わって登場したのが日本人であったが、同じように差別的な待遇を受けるまでにさして時間はかからなかった。一般的に、アメリカ社会の多数派には中国人と日本人（その他の多くのアジア出身者も同様）の区別がつかず、どちらも「異質」「下等」で「理解不能」な外国人と見られた。アジアを出自とする人々を一くくりに「オリエンタル」と称することもあった。

日本人に対する排斥運動は、早くも一八八〇年代後半から顕在化しはじめている。当然、日本からの移民が増えるにつれ、敵対する勢力も拡大していった。排日世論を先導したのは労働組合、政治家、新聞をはじめとする報道機関などで、彼らの差別的な言動を通して日本人移民に対する否定的なイメージが植えつけられていった。このときに定着したステレオタイプ（固定観念）は実に強固で、その後も長らく、その一部は現在にいたるまで、完全に払拭《ふっしょく》されぬまま残っているほどである。

黄禍

一九〇〇年代に入ると、アジアの「有色」人が世界を制圧すると喧伝する「黄禍《こうか》」（yellow peril）の一形態として、排日論がより攻撃的に、かつ広範に流布するようになっていった。日本人移民や彼らの子孫に対しては、「ジャップ」という蔑称が公私において日常的に使われ、威嚇や暴力的な行為もめずらしくなかった。

黄禍のイデオロギーは経済的、軍事的、政治的、文化的、人種・民族的など多様な側面をもち、その内容にはかなりの幅があるが、全体的にはアジア出身者やその子孫に対する過度の恐怖や嫌悪感を共通の特徴としていた。飯倉章の定義に従えば、「主に十九世紀の終わりから二十世紀のはじめ、第一次世界大戦頃にかけて西洋世界に流布した、黄色人種とその国家である日本や中国の勃興が、白色人種やその国家に脅威となるという考えやイメージを表したもの」といえる（飯倉章『イエロー・ペリルの神話―帝国日本と「黄禍」の逆説』〈彩流社、二〇〇四年〉、九ページ）。

アメリカにおける黄禍論者の攻撃の矛先は、日本から来た第一世代の移民（一世）ばかりでなく、彼らの子供である第二世代（二世）にもむけられた。二世はアメリカで出生しているため、一世のようにアメリカ市民権のない「日本人」（外国人）ではなく、正真正銘の「アメリカ市民」であった。しかし、排日家たちは市民権の有無を顧慮せず一世と二世を同一視し、「よそ者」の「ジャップ」として追いだそうとしたのである。

二つの転換点

激しく執拗な排斥運動の結果、アメリカ本土への日本人の移住は一九一〇年代に入るころには勢いを失いはじめ、一九二〇年代後半には実質的に途絶えてしまう。

特筆すべき制度的な転換点は、少なくとも二つあった。

紳士協約（一九〇七〜〇八年）

一つは、一九〇七〜〇八年に日米両国が交わした、いわゆる「紳士協約」(Gentlemen's Agreement) である。正式な条約ではないものの、両政府が遵守することを約束しあった非公式な行政的合意である。これにより、アメリカ政府が日本人移民の入国を禁止しない代わりに、日本政府は労働目的の移民に対してはアメリカ本土への渡航を許可しないことになった。

紳士協約は双方にとって利点があった。日本側は、中国人が受けたような差別的な立法による排斥を避けることで、外交上の面目を保つことができた。アメリカ側は、日本政府の自主規制により日本人移民の入国を抑制でき、日米関係の険悪化を防ぎながら、かつ過激化する排日勢力をなだめることを期待できた。

排日移民法（一九二四年）

もう一つの大きな転換点は、一九二四年のいわゆる「排日移民法」の成立である。排日運動の総決算ともいえるこの連邦法により、日本からの移民の受け入れは全面的に停止してしまった。

前述の紳士協約で日系人に対するアメリカ国内の攻撃的世論は沈静化するはずであったが、実際にはそうならなかった。日本にいる「妻」など家族のよびよせは可能であったし、出産による人口増も加わり、日系人の存在感は弱まるどころか、むしろ強まっていったからである。その結果、排日感情はくすぶりつづけ、とくにカリフォルニア州では断続的に激しい排斥運動が起きた。

そしてついに一九二四年、差別感情を政治的に利用したい勢力の思惑も働き、連邦議会は日本人移民に対し入国の門戸を完全に閉ざす法律を制定してしまった。これが排日移民法である。日本政府も激しく抗議したが、排日の流れを押し戻すことはできなかった。こうして、最終的には日本人も中国人と同じく、「自由の国」にわたる手段を奪われてしまったのである。

その後、一九四一年に日米が開戦した際にも、日本人移民と彼らの子孫は激烈な偏見・差別にさらされることになるが、戦時中の彼らの境遇（強制立ち退き・収容など）についてはあらためて後述する。

アメリカの日本語新聞

［在米］同胞と新聞紙との関係は、例えば恰《あた》かも生徒と教師の夫《そ》れである。即ち、多くの場合に於て、新聞紙の報道は唯一のオーソリテーとせらるべき傾きがあるのである。

永島雄治「在米新聞紙に対する希望」『日米』

一九一三年十一月六日号

日系人ジャーナリズムの誕生と発展

日本語出版物の誕生

アメリカ本土における日系人ジャーナリズムの萌芽は、一八八〇年代から九〇年代にかけてのカリフォルニア州サンフランシスコ周辺に見いだすことができる。初期の日本語出版物が同地域に集中していたのは、海外からの移民がアメリカに入国する際の玄関口であったためである。日本人移民の多くも、まずは通関地であるサンフランシスコに上陸してから、他の地域に移り住んでいった。

最初期の日系人の刊行物は、必ずしも「新聞」の体裁をとるものばかりでなく、現代の感覚なら「雑誌」に近いものも混在していた。主要な出版物（カッコ内は創刊年と発行地）には、次のようなものがある。

『東雲雑誌《しののめざつし》』（一八八六年前後・カリフォルニア州サンフランシスコ）
『新日本』（一八八七年・カリフォルニア州オークランド）
『第十九世紀』（一八八八年・サンフランシスコ）
『自由』（一八八九年・サンフランシスコ）
『蒸氣船』（一八八九年・サンフランシスコ）
『大日本』（一八八九年・ミシガン州アナーバー）
『愛國』（一八九一年・サンフランシスコ）
『遠征』（一八九一年・サンフランシスコ）

強い政治色

これら黎明期の日系人ジャーナリズムの特徴を一言で表現すると、つくり手の出身国である日本の社会状況を反映し、政治色の強さが際立っていた。当時、日本では自由民権運動がさかんであったが、明治政府から弾圧を受けた若手運動家のなかには、政治活動や言論の自由を求めて海外に脱出する者が少なくなかった。アメリカでは一七九一年に憲法に追加された修正第一条（First Amendment）で「言論・報道の自由」が保障されており、およそ日本でおこなわれたような統制が強行されるようなことはなかった。最初期のアメリカ本土の日本語出版物の多くは、彼ら青年運動家の自己主張の場としてはじめられた。

　したがって、それらの媒体は身近な情報への需要が高まり自然発生的にうまれたわけではなく、政治的な論説が主たる内容で、しかも明治政府に対して批判的であった。『新日本』や『第十九世紀』など、日本「国内」で販売・頒布《はんぷ》を禁止されたものも少なくない。アメリカ滞在中の言論・報道活動が原因で、日本に帰国した際に警察に逮捕され、有罪になった者もいる。

　当然、発行部数は少なく、経営的な基盤も脆弱であった。日系人史の研究者であるユウジ・イチオカによれば、一八九〇年代の日本語出版物で三〇〇部を超えるものは存在しなかったという（イチオカ前掲書『一世』二三ページ）。

日本語一般紙の登場

　しかし、やがて日系人の人口が増加し、日本人街など中心的な集落ができはじめると、より一般的な内容の日本語新聞が発刊されるようになってきた。それら一般紙が対象としたのは、特定の政治的思想を共有する同人ではなく、より多様な背景や関心をもつ不特定多数の読者であった。

　ここではその代表例として、サンフランシスコの『日米』とユタ州ソルト・レイク・シティーの『ユタ日報』を紹介する。

『日　米』　サンフランシスコの日刊紙『日米』は、日系人ジャーナリズムを代表する日本語新聞の一つである。前述したように、創刊者は「土着永住《どちゃくえいじゅう》」をよびかけるなど日系人社会の指導者として活躍した安孫子久太郎《あびこきゅうたろう》である。すでに存在していた複数の新聞を買収・合併し、一八九九年に『日米』の発行を開始した。なお、安孫子は一九三六年に死去しており、その後の経営の舵とりは妻の約奈子《よなこ》と息子のヤスオ（Yasuo）がになっている。

移民の通関地というサンフランシスコの地の利をいかし、創刊後の『日米』は順調に成長していった。当初の部数はわずか二五〇部程度であったが、五年後の一九〇四年には三〇〇〇部、一九〇七年には五〇〇〇部へと伸長した。日系人の人口増にともないカリフォルニア州だけでなく西海岸北西部や内陸山間部にも勢力を広げ、最盛期の総発行部数は二万五〇〇〇部を超えたともいわれる。一九三六年に『海外邦字新聞雑誌史』を著した蛯原《えびはら》八郎は、『日米』を「北米に於いて一二を争ふ大新聞」と特徴づけている（蛯原八郎『海外邦字新聞雑誌史』復刻版〈名著普及会、一九八〇年〉、一六四ページ）。

もちろん影響力も絶大で、日米が開戦する一九四〇年代までには全米の日系人を束ねる要《かなめ》のような存在となっていた。日系人の歴史を百年間にわたり跡づけた通史『米國日系人百年史』は、「在米邦人新聞界の中枢をな［し］、その読者が殆《ほとん》ど全米に亘《わた》り、発行部数に於ても素《もと》より他に比肩するものがない」と評価している（新日米新聞社編『米國日系人百年史』〈新日米新聞社、一九六一年〉、一八四ページ）。

しかし、日系人ジャーナリズムの雄たる『日米』も、一九四二年五月には発行停止を余儀なくされることになる。アメリカ連邦政府に立ち退き・収容を強制されたためである。それでも、西海岸の日本語新聞のなかでは最後まで踏みとどまったすえの退場であった。この経緯については、日米開戦後の状況を扱う次章であらためて論じる。

『ユタ日報』

ユタ州ソルト・レイク・シティーの『ユタ日報』は、『日米』ほど大規模ではないが、戦前から戦中、そして戦後も中断することなく発行しつづけた点で特筆に値する日本語新聞である。

『ユタ日報』は一九一四年、寺沢畔夫《うねお》により創刊され、ユタ州とその周辺の諸州（アイダホ州・ネヴァダ州・ワイオミング州など）で広く読まれた。ソルト・レイク・シティーでは一九〇七年にキリスト教系の『絡機《らっき》時報』がすでに創刊されていたが、後発の『ユタ日報』は主に仏教徒の読者を対象としていた。両紙の競合関係は、一九二七年に『ユタ日報』が『絡機時報』を買収することで終息し、その後は信仰を越えて広く地域の日系人に

図２　最終号まで『ユタ日報』で使用されていた活字

情報を提供しつづけた。なお、寺沢畔夫は一九三九年に他界しているが、その後の経営は妻の国子が引き継いでいる。

『ユタ日報』についてとくに注視すべきは、『日米』をはじめ西海岸の日本語新聞が日米開戦後に発行停止を強いられたのに対して、戦時中も存続できたことである。『ユタ日報』を引っ張ったのは右の段落で触れた社長の寺沢国子で、戦後も長く一九九〇年四月に最終号を発刊するまでその火を絶やさなかった（図2）。国子は一九九一年八月に死去しているが、その功績は日米両国で広く紹介・評価されている。

『ユタ日報』が戦時中に存続できたのは、西海岸で発令された立ち退き命令がユタ州まで及ばなかったからである。真珠湾攻撃直後から二ヵ月強は休刊させられているものの、その後は戦時下の日系人にとって数少ない貴重な日本語の情報源でありつづけた。その結果、部数は戦時中に飛躍的に増加し、開戦前の二〇〇〇部ほどから最大時で一万部程度まで伸ばしている。収容施設（キャンプ）にも多くの購読者をかかえていた。この経緯についても次章で論じる。

日米開戦前夜の日本語新聞

話を日米開戦前に戻すと、アメリカの日本語新聞の大半は西海岸の大都市、あるいはその周辺で発行されていた。カリフォルニア州のサンフランシスコやロサンゼルス、ワシントン州のシアトルなどでは、複数の新聞が併存していた。

西海岸を中心に発展

西海岸の大都市を中心に発展した理由は単純で、日系人人口が集中していたからである。この点について、大戦中に日系人の強制立ち退き・収容を実行したアメリカ陸軍の内部報告書は、次のように指摘している。「合衆国［本土］における日系人総人口の九三％は特定の地域、つまり西部四州［カリフォルニア州・オレゴン州・ワシントン州・アリゾナ州］に密集して住んでいる。この密度の高い人口分布により、日系人は自分たち専用の新聞……をもつことができた」。すでに指摘したように、最初期の新聞のほとんども西海岸で産声をあげている。

本書の射程からは外れるが、ハワイ諸島でも多くの日本語新聞がうまれている。ハワイで最有力の日刊紙の一つ『日布時事《につぷじじ》』を経営した相賀安太郎《そうがやすたろう》は、「海外各地に於て日本人の群居するところ、必ずそこに新聞がある」とのべている。

紙数と主要紙

文献・史料により若干の差はあるが、一九四一年十二月の日米開戦時、アメリカ本土には二〇～三〇紙ほどの日本語新聞が存在していたと考えられる。日系人ジャーナリズムの研究者である田村紀雄は、一九四〇年までに「日系新聞は、すくなくとも累計三十ほどの都市や地域の日系コミュニティで発行された」とのべている（田村紀雄・白水繁彦編『米国初期の日本語新聞』〈勁草書房、一九八六年〉、一一ページ）。田村の説は他の史・資料とも大まかに合致する。アメリカ司法省の内部文書は、日米開戦以前に二七紙の日系人新聞（うち三紙は英字新聞）が存在していたと記録している。移民などの人権擁護活動をしていたニューヨークの非営利団体「アメリカの団結のためのコモン・カウンシル」（Common Council for American Unity）も、一九四一年九月時点の紙数を二五紙と報告しており、大きな差はない。

次に示すのは、開戦時にアメリカ本土で発行されていた主要な日本語新聞である。

・ワシントン州シアトル、およびその周辺

『大北《たいほく》日報』

『北米時事』

『タコマ週報』（タコマ）

・オレゴン州ポートランド

『央州《おうしゅう》日報』

『コースト時報』

・カリフォルニア州ロサンゼルス、およびその周辺

『加州毎日新聞』

『同胞』

『南加時報』

『米國産業日報』

『羅府《らふ》新報』

『南沿岸時報』（ロサンゼルス南方のターミナル島）

・カリフォルニア州サンフランシスコ、およびその周辺

『新世界朝日新聞』

『太平洋時代』

『日米』

『北米評論』（オークランド）

『櫻府《おうふ》日報』（サクラメント）

『中加時報』（フレズノ）

・コロラド州デンヴァー

『格州《かくしゅう》時事』

『ロッキー日本』（一九四三年四月十二日号より『ロッキー新報』に改題）

・ユタ州ソルト・レイク・シティー

『ユタ日報』

・ニューヨーク州ニューヨーク

『日米時報』

『紐育《ニューヨーク》新報』に限っても、のべ五〜六万人はいたと考えられる。主要日本語新聞の部数を総計した司法省の史料は、少なくとも六万人以上と見積もっている。前述したコモン・カウンシルも、日本語新聞の「最低限の総発行部数」を五万二〇〇〇部強と推計しており、司法省の数字と大きなへだたりはない。

購読者数

次に、日米開戦時の日本語新聞の読者数は、定期的に購読している日系人

当時の日系人人口が一二万人強、そのなかで日本語を母語とする日本人移民（一世）が約四万七〇〇〇人であったことを考えると、日本語新聞がきわめて高い普及率を誇っていたことがわかる。

高い閲読率

日系人社会における新聞閲読率の高さは、信頼度の高い別のデータからも裏づけられる。

やや時代はさかのぼるが、一九一三年にアメリカ連邦政府調査局が発表した数字を見れば一目瞭然である。これによれば、都市部の日系人家庭（三三二戸）では、五八・一％（一九三戸）が日本語新聞のみを購読しており、三八・二％（一二七戸）は日本語新聞と英字新聞を併読していた。合計すると、実に九六・三％（三二〇戸）が日本語新聞を読んでいたこ

とになる。農村部の日系人家庭（四九〇戸）でも、六五・七％（三二二戸）が日本語新聞のみを購読、六・五％（三二戸）が日本語新聞と英字新聞を併読しており、合計で七二・二％（三五四戸）が日本語新聞を読んでいた。

右の調査結果をふまえ『北米年鑑』（一九二八年版）は、母国語の刊行物を閲読する一世の割合は、他国からの移民集団のそれに比べ「遥《はるか》に優っている」と指摘している。『北米年鑑』は、日系人社会における主要な出来事や関連する動向などをまとめた年次刊行物で、ワシントン州シアトルの日本語新聞『北米時事』が発行していた。

本書が主に論じる一九四〇年代でも、日系人、とくに日本語を母語とする一世の熱心な新聞閲読習慣は相変わらずであった。ロサンゼルスで発行されていた『羅府新報』の営業主任は、当時の「南カリフォルニアに在住する日本人家庭［は、］平均して二つの日刊邦字紙を購読」していたとのべている。日米開戦前にサンフランシスコで新聞記者をしていた帰米二世の吉次茂生《よしつぐしげお》も、多くの日系人商店が複数の新聞を購読し、「個人でもかなり二紙とっていた人がいたようです」と語っている。

日系人が密集する大都市以外でも、多くが郵送で新聞を入手し、熱心に読んでいた。自身も日本語新聞にかかわっていた一世のジョー・コイデ（Joe Koide）は、「［サンフランシスコの」日米新聞や［シアトルの」大北日報などは、［郵便で」奥地の奥地までとどいていた」と書いている。

さらに付言すると、当時の日本語新聞の読者は、代金を支払って読む「購読者」だけではなかった。つまり、一部の新聞を貸し借りして複数の読者が輪読することは日常茶飯事であった。この点について、在米日本人会が編纂した『在米日本人史』（一九四〇年）は、「一戸を持たず集団的生活者多き在米邦人社会には、所謂《いわゆる》間接読者甚だ多く、実際上より観れば［日系人総人口の」八割を指して読者と見做《みな》し得る」のであり、「その高度の読者率は一驚に値する」と説明している。

高い閲読率の背景

新聞閲読率がいちじるしく高かったことの背景として、出身国である日本において義務教育が浸透していた点は見過ごせない。ロナルド・タカキ（Ronald Takaki）は、アメリカにわたった日本人は平均して八年間の学校教育を受けており、新聞を読むには十分な言語能力を身につけていたと指摘している。一九一〇年の調査では、一〇歳以上の日本人移民の非識字者率は九・二％で、これは他国からの移民グループよりも低かった（ロナルド・タカキ、阿部紀子・石松久幸訳『もう一つのアメリカン・ドリーム―アジア系アメリカ人の挑戦』〈岩波書店、一九九六年〉、四七ページ）。

加えて、一世の大多数が成人としてアメリカに移住し、しかも十分な英語教育を受ける機会にめぐまれなかった点も無視できない。日系人が立ち退き・収容を受けたのち、ある収容施設（キャンプ）で実施された調査では、二六〇〇人強の一世のうち実に七八％が日本語でしか読み書きができないと答えている。日本語でも英語でも読み書きができると答えた残りの二二％にしても、その英語能力は個人により大きな差があった。この調査はこう結論づけている。「日本語こそが、彼らの唯一の言語である」。

母語である日本語でしか読み書きができないとなれば、アメリカで生きていく上で日本語新聞が頼みの綱になるのは必然であった。ある日系人が詠んだ川柳、「邦字紙のお陰時勢に付いて行き」は、大多数の一世にとって日本語新聞がなくてはならない情報源であったことを雄弁に物語っている。

なお、主要な日本語新聞のほとんどは英語面・欄を併設しており、英語を母語とする二世にもある程度は浸透していた。

絶大な影響力

これだけ熱心に読まれただけに、日本語新聞は日系人社会で絶大な影響力を誇っていた。この点はさまざまな研究者が指摘している。たとえば、カリフォルニア州立大学バークレー校の研究グループは、日本語新聞が日系人社会の「団結をより堅固にする重要な要素」であり、かつ「世論を形成する有力な機関」であったと分析している。アメリカにおける少数派のジャーナリズムについて研究したローレン・ケスラー（Lauren Kessler）も、日系人は「母語の出版物にコミュニティ意識と団結のよりどころを求めていた」と指摘している。

もちろん、当事者である日系人も日本語新聞の重要性について同じような評価をしている。たとえば、青年期を日本で過ごした帰米二世のカール・G・ヨネダ（Karl G. Yoneda）は、日米開戦直後にアメリカ連邦政府の司法長官にあてた書簡のなかで、「日本語新聞はこれまで、そして現在も、日系人の意見を形成する主要な要素です」とのべている。『羅府新報』の英語面編集長であった二世のトーゴ・タナカ（Togo Tanaka）も、「コミュニティにかかわる物ごとについて、人々の態度や見方を形づくる。この点で、日本語新聞は優越的な役割をはたしていた」と論じている。加えてタナカは、他の人種的・民族的集団と比較しても、日系人社会では新聞がより顕著な力を発揮していた、と指摘している。

このように日系人社会に深く広く浸透していた日本語新聞は、とくに日米開戦のような緊急時には欠くことのできない存在であった。アメリカ社会全体から敵視・異端視される日系人にとっては文字どおりの命綱であり、突然の開戦は日系人ジャーナリズムの真価が問われるまさに難局中の難局であった。

日米開戦と強制立ち退き

新聞は社会の木鐸《ぼくたく》であり、いずれの社会にも絶対不可欠の情報機関である。特に、英語に通ぜざる人多き日系人社会に於て、日本語新聞の必要なことは今更云ふ迄もない。

「社説」『加州毎日新聞』一九四二年三月二十一日号

日米開戦の衝撃と直後の報道統制

真珠湾攻撃の第一報と日系人

一九四一年十二月七日（日本では八日）、日本軍の戦闘機がハワイの真珠湾を爆撃したというニュースは、クリスマス目前のアメリカ全土をまたたく間に駆け巡った。現地から流される通信社の至急電やホワイトハウスの声明がラジオで速報され、新聞の号外でも伝えられた。

開戦のニュースはアメリカ社会を一様に驚かせたが、その知らせをことさらに深刻に受けとめていた人々がいた。日系アメリカ人である。出自国である日本がアメリカの「敵国」となったことで、法的にアメリカ市民権をもたない第一世代の日本人移民（一世）はもちろん、市民権をもつ第二世代（二世）でさえも、一夜にして「敵性外国人」とみなされるようになってしまったからである。日本の「卑怯」な先制攻撃によりアメリカが参戦したことは、彼らにとって長い辛苦のはじまりを意味していた。

このとき、日系人がもっとも必要としていたものの一つは「情報」であった。当時、カリフォルニア州サンフランシスコの近郊、バークレーにいた二世のチャールズ・キクチ(Charles Kikuchi) は、日系人の多くがパニック状態に陥り、「二世は自宅に閉じこもり、最新のニュースを知ろうと、ラジオに耳を押しつけている」と書き残している。

それでも英語のラジオや新聞を理解できる若い二世はまだましで、日本語でしか読み書きできない大多数の一世は情報に飢え、尋常でない不安や動揺を感じていた。日米開戦直後の状況についてある一世は、「目まぐるしい日々を送りました。……みんな誰の話にも耳を傾けました。どんなニュースでもいいから知りたかったのです」と回顧している。

高まる日本語新聞の役割

予期せぬ開戦に不意を突かれた日系人、とくに一世が、母語でニュースを提供し、かつ行動の指針を示してくれる日本語新聞に殺到したのも無理はない。真珠湾爆撃の第一報に接した直後、にわかに事態を飲み込めず狼狽《ろうばい》した日系人の多くが、地域の日本語新聞にすがったことは広く知られている。カリフォルニア州ロサンゼルスで最大規模の日刊紙『羅府《らふ》新報』の従業員であった二世のヤス・ナカニシ（Yas Nakanishi）は、その日の午後早くに社にかけつけると、読者から「たくさんの電話がかかってきて」おり、「［攻撃は］ほんとう？」「どうしたらいいの？」など質問攻めにあったと回顧している。

急遽、号外を発行して急変を知らせる新聞社もあった。『羅府新報』は十二月七日の午後二時と六時、二度にわたり号外を印刷し、日系人が密集するリトル・トウキョウの街中にも張りだして速報に努めている（図3）。『羅府新報』以外にも、同じくロサンゼルスの『米國産業日報』や『同胞』が号外を配布して困惑する日系人に情報を伝えている。

以後、集団での立ち退き・収容を命じられるまで、日系人読者は次号の新聞が届けられるのを待ちこがれる状態であった。ワシントン州シアトルでは日本語新聞が途切れることなく発行を継続したが、場所によっては配達が遅れたり、休止することがあった。一世の画家でシアトル在住の時田亀吉は、真珠湾攻撃の当日からつけはじめた日記で次のように書いている。

地元の日本語新聞は明日、一時的に配達を中止するそうだ。残念でならない。（十二月九日）

日本語新聞が配達されないので、自宅から外にでて昨日の新聞を手に入れた。新聞が

図3　ロサンゼルスのリトル・トウキョウで号外（右）を壁に張りだす『羅府新報』の社員．その左は『米國産業日報』の「筆書き」の号外（World War II Photographs Collection, MSS 36 B, Box 12, Folder Japanese Aliens and Japanese American Citizens, Manuscript Division, University of Minnesota.）

読めるのはありがたい。戸別配達を待ちわびている。（十二月十日）

地元の日本語新聞はいつまで発行をつづけてくれるのだろう。（十二月二十日）

日米開戦という歴史的な緊急事態に際して、日本語新聞が日系人社会の司令塔、かつ頼みの綱としての役割をはたしていたことがよくわかる。ロサンゼルスの有力日刊紙『加州毎日新聞』は、真珠湾攻撃当日付の第一面で、重責をになう自己をいましめるようにこう宣言している。「同胞が燈明台とする力は邦字新聞である……。実に今後の邦字新聞記者の責任は重且《かつ》大である」。

大混乱する編集部

とはいえ、貴重な情報源、かつ指導機関として頼りにされた日本語新聞自身にとっても、突然の日米開戦は青天の霹靂《へきれき》であり、文字どおり「奇襲」にほかならなかった。

編集部が大混乱をきたしていたことは容易に想像できる。日本軍が真珠湾を急襲したのは十二月七日、ハワイ時間で午前七時五十五分、アメリカ本土の西海岸では午前十時五十五分であった。ロサンゼルスの朝刊紙『米國産業日報』は、同日午後六時半ころに号外を発行しているが、記事の一つは蜂の巣をつついたような編集部の様子を次のように伝えている。

Monday, Dec. 8, 1941　Number 15,093

The Japanese American News

日米

日本突如・軍事行動に出で
日米兩國俄然干戈に見ゆ
日本海軍布哇を電撃的に襲ひ
眞珠灣上空で大空中戰演ず

(ワシントン七日UP發)ホワイトハウスは本日日本空軍飛行機がハワイ眞珠灣要塞及びマニラの米軍基地を襲撃した、右は七日正午ルーズベルト大統領よりアーリーホワイトハウス書記に手渡されたもので野村、來栖兩大使が國務省にハル長官を訪問、二十六日のハル對日交文書に對する日本政府の回答を手交した直後、三十分乃至一時間以內に日本空軍がハワイ及びマニラの米軍基地を攻撃したものである。尙襲撃は依然經續中である

(ワシントン七日UP)ルーズベルト大統領は本日全閣員並に共民兩黨議會の領袖をホワイトハウスに召致、日本軍の攻撃行動に對し今晩協議を重ねる事となつた

(ホノルル七日UP)眞珠灣を含む其の他のハワイ米軍港は七日午前七時五十五分機翼に日の丸の標識を掲げた日本空軍の數回に亘る奇襲を受けた。

噫！破局は遂に來れり

狂へるABCD
太平洋將に大戰前夜の形相
國際情勢週間展望

日米交渉進展せず

図４　日米開戦を伝える『日米』（1941年12月８日号）

七日午後一時半頃より、突如としてローカルのラジオが盛んに日本空軍のハワイ・マニラ空襲を報じ、本社の電話は同胞よりその問合せにガンガン鳴って引きも切れず、同胞一般の受けた衝撃の如何《いか》に多かったかを物語った……。

アメリカ全土に読者をかかえる最大規模の日刊紙、サンフランシスコの『日米』も、その驚きぶりを第一報で率直に認めている。開戦から一夜明けた十二月八日号の第一面には、「噫《ああ》！　破局は遂に来れり」という大見出しが躍っている（図４）。不意に最悪の事態に直面し、驚愕し、激しく困惑する心情を読みとることができる。

四面楚歌の「敵国語」新聞

しかし、このとき日本語新聞に突きつけられていた難題は、単に重大事変に関する情報収集とその速報だけではなかった。次から次へと入ってくる最新のニュースや読者からの問いあわせに追われる一方で、ある意味でそれ以上に切実で困難な問題に直面していた。

その一つは、アメリカ社会全体に広がっていた、きわめて攻撃的な排日気運である。日本をルーツとする日系人が一夜にして「敵性外国人」の汚名を着せられたように、日本語新聞もまた突如として「敵国語」新聞となり、あらゆる方面から圧力を受けるようになった。

当時の圧倒的多数のアメリカ市民からすれば、判読不能な極東の「敵国語」で書かれた新聞は、排除すべき対象でこそあれ、けっして歓迎できる存在ではなかった。それらは、「敵国人」の、「敵国人」による、「敵国人」のための「敵国語」新聞でしかなかった。当時、アメリカ本土には一二万人強の日系人がいたが、総人口に占める割合はわずか〇・一%ほどでしかなかった。文字どおりの四面楚歌《しめんそか》である。

日本語新聞が「敵性」文化の象徴と見なされた事例は枚挙にいとまがない。たとえば、カリフォルニア州人事委員会は、州に勤める日系人を解雇する際、ある職員について「日本語を読み、書き、……日本語新聞を購読していた」ことを理由の一つにあげている。長年にわたり固定化した偏見・差別とあいまって、自分たちにはまったく理解できない「敵国語」を読み書きすることが、日系人に対する猜疑心をよりいっそう強めていたのである（図5）。

当然、日本語新聞の発行停止を求める声は多方面からあがっていた。たとえば、アメリカの大手通信社のある記者は、真珠湾攻撃から一週間後に早くも首都ワシントンDCの政府高官に書簡を送り、「合衆国において日本語新聞は発行されるべきではありません。……われわれは甘過ぎるのです」と訴えている。日系人に対する強硬な排他意識で知られ、政治的にもきわめて強い影響力をもつアメリカ在郷軍人会（American Legion）は、日米が開戦する前からすでに動きはじめていた。一九四一年九月の時点で、日本語を含むあらゆる「外国語」（非英語）新聞を規制する立法を求める運動に着手している。当然、開戦後はその態度をさらに硬化させ、英語以外の言語を使用すること自体を規制する立法を政府に請願している。

なお、戦時中、アメリカ連邦政府は日本語新聞を直接的に取り締まる法律は制定していない。むしろ政府の基本方針は、日本語新聞をあえて存続させ、適度に統制しながら戦時

図5　不可解な「敵国語」を話す「信用できない」日系人を描いた政治風刺漫画（『シアトル・ポスト＝インテリジェンサー』［*Seattle Post-Intelligencer*］1942年3月5日号）

「立ち入り制限区域　敵性外国人は侵入を禁じる」と書かれた場所に立つ日系人に，FBI（連邦捜査局，Federal Bureau of Investigation）の捜査官とおぼしき人物が通訳を介して「アメリカ市民なのか」と尋ねる．

日系人が日本語で答える．

「“そうだ” といっています」と通訳が説明する．

政策に利用することであった。最初期こそ強硬策を次々に打ちだし、一部の新聞は発行停止に追い込んでいるが、同時に「敵国語」で書かれた媒体に一定の価値を見いだしてもいた。実際、主要紙の多くは日米開戦後も発行をつづけ、強制立ち退きをむかえている。この点についてはあらためて後述する。

それでも発行を継続する「宿命」

他方、日系人社会を束ね先導する役割を期待されていた日本語新聞は、いかに突然の開戦に虚を突かれようとも、またいかなる逆風にさらされようとも、発行を継続する「宿命」を背負わされていた。

何となれば、全日系人の約三分の一を占める一世の大多数は英語に堪能でなく、日本語の情報なしでこの逆境を生き抜くことはとうてい不可能だったからである。英語を理解できる二世にしても、一般の英字マス・メディアが彼らの需要に十分に応える報道をしてくれるわけではなかった。むしろ、あからさまな敵意をぶつける言説で満ちあふれていた（図6）。行動の指針や政府の方針、また日系人社会の動向などを日本語で伝えてくれる媒体がいかに重要であったかについて、二世のロイ・Y・ナカタニ（Roy Y. Nakatani）は次のように語っている。「［日系人に関することがらについて、一般の英字紙は］ほとんど書いてくれないわけです。……日本語新聞は非常に忙しくなりました」。なお、ほとんどの日本語新聞には英語面・欄が併設されていた。窮地に陥った日系人にとって、彼ら専用のジャーナリズムはなくてはならぬものであった。

そうしたなか、人心を安定させるためであろうか、少なくない日本語新聞が発行を継続する決死の覚悟を表明している。たとえば、前述したサンフランシスコの『日米』は読者にこう宣言している。

日米新聞社は、米国政府の指命に従い、万難を排して新聞を発行し、戦時下に於て時々刻々と公布さるゝ重要諸法令を迅速に一つ漏らさず報道なし、日本人間より一人の法律違反者をも出さない様に努力しているのです。

図６　バターン陥落を「ジャップ」という蔑称を使って報じるカリフォルニア州の英字新聞．激しい排日機運が充満するアメリカ社会で，日系人は彼ら自身のジャーナリズムを必要としていた（Still picture by Dorothea Lange, War Relocation Authority［WRA］, April 9, 1942, 210-G-2 A-38, National Archives and Records Administration, College Park.）

同じく、カリフォルニア州フレズノの週刊紙『中加時報』も、「時局に鑑み最善の努力を致すの秋《とき》を痛感す」と表明している。日系人社会をまとめ導く存在だけに、危機に直面したときこそ、日本語新聞はその真価を発揮しなければならなかった。

開戦直後の政府の報道統制

日米開戦により日本語新聞は未曽有の難局に追いやられたが、おそらく最大の脅威は連邦政府による報道統制であった。政府の動きは実に迅速で、事前の内偵にもとづき真珠湾攻撃とほぼ同時に統制にのりだしている。

ただでさえ予期せぬ展開に慌てふためいていた日本語新聞は、政府当局が次々に打ちだす強硬策になすすべがなかった。この第一波の統制は、その後の日系人ジャーナリズムのなりゆきを決定づけるほど、大きな衝撃を彼らに与えた。

編集幹部の一斉連行

まず、政府による統制は、編集幹部の一斉逮捕・連行という形で真珠湾攻撃の当日から開始されている。実行したのは、主としてＦＢＩ（連邦捜査局、Federal Bureau of Investigation）である。

ロサンゼルスの『米國産業日報』を例にとると、ＦＢＩは開戦当日の一九四一年十二月七日中に編集長の加藤新一、さらにその約一ヵ月後には社長の村井蛟《こう》を拘束している。二人ともアメリカ市民権をもたない一世であった。

しかしここで注視すべきは、中心人物を失って休刊、あるいはそのまま廃刊してしまう新聞もあるなか、『米國産業日報』が一九四二年四月中旬まで発行を継続している事実である。経営者の地位はアメリカ市民権をもつ二世が引き継いだ。同紙のように一定の規模を誇る新聞の多くは、幹部を逮捕・連行されながらも、開戦後しばらくは発行をつづけることができた。もちろん、政府もそれを認めている。開戦当時、『米國産業日報』は主に農業従事者むけに約三〇〇〇部を発行する中規模紙であった。最終的な発行停止は、他の主要紙と同じく、立ち退き命令により引き起こされた。

もう一例をあげると、同じくロサンゼルスの『羅府新報』でも、複数の編集幹部が一斉にＦＢＩに連れ去られている。真珠湾攻撃当日の一九四一年十二月七日、ＦＢＩや財務省の係官が社屋を捜索し、編集室内の記者らを尋問し、日本語書類など多くの物品を押収したうえ、駒井豊策《とよさく》社長、鈴木博編集長、トーゴ・タナカ（Togo Tanaka）英語面編集長を逮捕・連行したのである。その後、一世の駒井と鈴木は戦中を通じて複数の収容施設を転々とさせられ、釈放されたのは終戦後の一九四六年であった。

とはいえ、『羅府新報』もこれで廃刊したわけではない。翌日の十二月八日号は休刊させられているが、その後は『米國産業日報』と同じく翌年四月初旬まで発行をつづけている。『羅府新報』は十二月十三日号の社告でこう説明している。「本紙は……報道機関として極力奉仕し、戦時に於ける新聞発行継続方について米国政府当局の諒解を得るため八日休刊致しましたのみで、引続き発行して居ります」。

詳しくは後述するが、FBIが迅速に日本語新聞の関係者を拘束できたのは、真珠湾攻撃以前からの内偵で「親日的」と目をつけていたからである。政府はすでに事前準備の段階から日系人をはるかにしのいでおり、つねに先手をもって統制することができた。

即時的な発行停止

他方で、政府は一部の新聞に対してはそれ以上の強硬姿勢でのぞみ、即時的に廃・停刊に追い込むこともあった。開戦を機にそのまま閉鎖にいたった主要紙としては、ロサンゼルス南方のターミナル島で発行されていた『南沿岸時報』、サンフランシスコの『新世界朝日新聞』、ニューヨークの『日米時報』と『紐育《ニューヨーク》新報』、などがある。

ターミナル島の『南沿岸時報』は典型例で、十二月七日に社長兼編集者で一世の平賀重《じゅう》昌《しょう》が逮捕・連行され、そのまま発行を停止してしまった。同紙のように規模の小さい新聞社では連れ去られた幹部を引き継ぐ人材がおらず、実質的にはFBIが発行停止を強いたも同然であった。

一定の人員を擁する新聞社であっても、政府が意図的に廃刊に追い込む場合があった。サンフランシスコの『新世界朝日新聞』がそれで、真珠湾攻撃の一報を十二月八日号で伝えるも、その直後に政府当局に発行を停止させられ、二度と再刊することはなかった。ライバル紙『日米』の記者であった池添一馬《かずま》は、「そのまま閉鎖状態でした。すなわち、FBIが敵性外人の検挙を行い、財務省の方は財産閉鎖で、コースト・ガードを使って実力行使をしたわけです」と語っている。ロサンゼルスの各紙や次項で取りあげる『日米』が、一時的な発行停止命令を受けながらも再開を許されていることを考えれば、この措置はいかにもきびしい。

実のところ、『新世界朝日新聞』を厳格に処遇することは、開戦前からすでに決定されていた。財務省など政府当局は同紙の「親日的」な傾向をとくに問題視し、有事の際には事業をただちに停止させ、しかるべき調査により嫌疑が払拭《ふっしょく》されない限り発行再開を許さない方針を固めていたのである。他の多くの日系人企業も同じような扱いを受けているが、財務省が開戦前に作成したリストに加えられていた日本語新聞は、サンフランシスコでは『新世界朝日新聞』だけである。開戦後、財務省はこのリストに従って、日系人が経営する商社や銀行などを即時的に閉鎖させている。

一時的な発行休止

完全に発行を停止させないまでも、一定の期間、政府が報道活動を休止させる場合もあった。代表例として、サンフランシスコの『日米』、ロサンゼルスの『加州毎日新聞』、ユタ州ソルト・レイク・シティーの『ユタ日報』、などがある。

すでに何度か言及している『日米』の事例を紹介すると、編集幹部の連行こそ免れたものの、財務省により約三週間、発行を禁じられている。真珠湾攻撃の一報を伝える一九四一年十二月八日号を印刷した直後のことであった。発行停止命令が解かれ再刊号を発行できたのは十二月二十九日である。なお、再開後の『日米』は一九四二年五月中旬まで発行をつづけたすえ、陸軍の命令に応じてサンフランシスコから立ち退いている。西海岸の日本語新聞としては最後の退場であった。

他の新聞社と同様、『日米』に対しても政府当局はきわめて迅速に動いている。編集長である浅野七之助《しちのすけ》の回想によれば、十二月七日の昼に日本軍の急襲をラジオで知り、急いで社にかけつけると、すでに二、三人のＦＢＩ捜査員が社屋の玄関前に立ち、社内への立ち入りを禁じていたという。財務省の係官も随行していた。政府官憲は編集長よりも早く始動していたことになる。

その日、『日米』はＦＢＩと財務省の監視下で翌日付の「十二月八日」号（四九ページ図4）を発行し、真珠湾攻撃の一報を伝えたものの、その後は約三週間にわたり発行を休止させられてしまう。この際、財務省は編集室のドアに封印をし、印刷所にも錠をかけ、社屋全体を封鎖している。

もう一例、『ユタ日報』も似たような状況で一時的な発行停止命令を受けている。社長の寺沢国子によれば、停止命令を受けたのは十二月十一日の午後四時ごろで、再刊の許可を得たのは翌一九四二年二月十八日であった。ただし、実際に再刊をはたしたのはその一週間後の二月二十五日号からなので、都合二ヵ月半近くも発行できなかったことになる。ノンフィクション作家の上坂冬子によれば、寺沢はこのときの経緯を次のように説明している。「十二月十一日の午後のことでした。みんなで仕事をしているところへ、ＦＢＩが三人でやって来たのよ。表へ出ろと言われるままに社員一同揃って外へ出たら、［ＦＢＩ係官は社員の一人に］ドアを釘付けさせたあと、許可があるまで発行停止を命ぜられたわけよ」（上坂冬子『おばあちゃんのユタ日報』〈文藝春秋、一九八五年〉、一三七ページ）。

資産の凍結

『日米』や『ユタ日報』の事例からもわかるように、最初期の政府の統制手段には、財務省による新聞社の資産凍結・事業停止も含まれていた。財務省は、「敵性外国人」（日系人の場合は一世）の資産を凍結し、経済的活動全般を停止させる権限をもち、これにより日本語新聞を廃・停刊に追い込むことができた。

つまり、戦時下の経済統制を名目として、実質的には言論・報道統制をしていたわけである。この権限は、開戦前の一九四〇年四月にフランクリン・D・ルーズヴェルト（Franklin D. Roosevelt）大統領が発令した行政命令第八三八九号（その後、複数回補正）にもとづいていた。

『日米』や『ユタ日報』にはあてはまらないが、財務省から事業停止命令を受け、あるいは資産を凍結され、そのまま廃刊を余儀なくされてしまう新聞社も実際にあった。前述したサンフランシスコの『新世界朝日新聞』がそうであるし、それ以外にも人員や資金力の乏しい社では、銀行口座の凍結や日本語活字・印刷機器などのさし押さえは、実質的に発行停止命令と同じ効力をもった。このことを示す史料は多い。一例として、司法長官にあてられた一九四二年二月四日付の司法省の内部文書は、「多くの日本語新聞が、財務省により閉鎖されている」と報告している。

資産凍結について補足しておくと、当時、アメリカ国内において日本語の活字は希少で、活動を停止した日本語新聞は連邦政府にとって貴重な戦時資産の供給源であった。もっとも必要とされたのは、海外での対日プロパガンダ用である。カリフォルニア州フレズノの『中加時報』を例にとると、発行停止後、同紙の活字はいち早く陸軍に確保されている。このことについて、ＦＢＩは司法省にあてた報告書でこう伝えている。「使われていたすべての活字は、合衆国陸軍当局の要請により、「フレズノの民間印刷会社に」保管されている。将来、日本で配布するパンフレットを印刷するために、陸軍が使う可能性があるからである」。政府の対日宣伝戦に活字を利用された日本語新聞は他にもあった。

日本語記事の英訳提出命令

幹部の逮捕・連行や資産凍結に加え、政府当局はいくつかの新聞に対しては記事の英訳提出を命じてもいる。日本語は政府にとって理解不能な「敵国語」であり、報道内容を統制する、あるいは監視の目を意識させる上で、英語への翻訳は有効であると考えられた。

英訳は新聞を配達・発送する「前」に郵便局など地域の政府当局に提出しなければならず、実質的に「事前検閲」と同じ意味をもった。また、この命令は一九一七年十月六日に成立した「対敵国通商禁止法」（Trading-with-the-Enemy Act）にもとづく措置であり、罰則をともなう規制力の強い、かつ負担の大きい統制方法であった。第一次世界大戦中に制定されたこの連邦法は、そもそもは当時の「敵国語」であるドイツ語の出版物を取り締まることを主たる目的としていた。しかし、同法は一九四一年の日米開戦当時も有効であったため、政府はこれを日本語新聞に適用したわけである。

ここで興味深いのは、ロサンゼルスの『羅府新報』が紙面の一部を「白紙」で発行した事例である。一九四一年十二月七日に社長や編集長をＦＢＩに奪われた同紙は、翌八日号を休刊させられ、十二月九日号から四ページだてで発行を再開した。しかし、掲載できたのは英文記事のみで、日本語記事が載るはずの二・三ページは「白紙」のままであった。たとえ部分的であれ、新聞が「白紙」のまま発行されるのはきわめて異例である。『羅府新報』の百周年記念誌はその理由を、「締め切りまでにＦＢＩの検閲官が日本語記事を検査することができなかった」からだと説明している。つまり、英語への翻訳ができなかった、あるいは間にあわなかったわけである。もっとも、その翌日の十二月十日号からは、「二ヶ国語のできる編集者が毎日警察に出向き口頭で翻訳をしたため、白紙ページを印刷することはなかった」という。

くる日もくる日も最新の情報を満載する新聞社にとって、一つひとつの記事を別の言語に翻訳し当局に照会する作業は実に大きな負担であった。第一次世界大戦中は、この義務から逃れるために、多くの新聞・雑誌が戦争について報道すること自体を避けたほどである。英訳を命じられたのは、政府の戦争政策や国際情勢に関する記事に限られたからである。このため、英訳の提出は、「実質的に主要な時事問題について沈黙を強いる命令」だと指摘する研究者もいる。実際、当時の司法省も「別のことをするふりをして「外国語新聞を」押さえつける」方策だと認識していた。しかし、日本語新聞が日本とアメリカの戦争や関連する政府の政策について報道しないわけにはいかず、発行を継続したいのであれば、多大な負担を甘受しても英訳を提出しつづけなければならなかった。

もちろん、英訳の提出を拒否することは論外であった。法律違反を問われ、郵便配達を拒絶されたり、料金が割り引かれる郵便特権を剝奪されてしまう危険があったからである。こうした罰則は、日米開戦直後にある研究者が指摘しているように、資金力が乏しく配達の多くを郵便に依存する大多数の外国語（非英語）マス・メディアにとっては「事実上の死刑宣告」に等しかった。第一世界大戦中は、実際に多くのドイツ語出版物が郵便配達の対象から除外されたり、自己規制を強いられるなどしている。

もっとも、英訳提出命令は政府にとって「示威行為」としての意味あいが強く、ほとんどの場合、開戦から一ヵ月もしないうちに解除されている。連邦政府の政策の大枠は、日本語新聞を弾圧するのではなく、適度に統制しながら利用することであった。したがって、英訳提出命令の究極的なねらいも、不適切な記事を発見し処罰することよりも、監視の目を意識させることで日本語新聞に「自己規制させる」ことにあった。そして、後述するように、その目的は十分に達成されていた。

事前の内偵

ところで、これまで論じてきたように、開戦直後から政府がすばやく始動できたのは、日本を含む枢軸国との交戦を想定し、一九三〇年代から秘密裏に調査をすすめていたからである。政府当局にとって日本語新聞に関係する日系人は、その実態はともあれ、いざというときにアメリカの国益を害し「敵国」日本を利する危険のある要注意人物であり、ＦＢＩを中心に開戦前から水面下で監視していたのである。もちろん、政府当局は各新聞の報道内容にも目を光らせていた。

政府当局は日米開戦の一年以上も前から紙面分析や特定の個人に関する内偵を本格化させ、真珠湾攻撃の数ヵ月前には、どの新聞のどの人物を逮捕・連行するかを大まかに決定していた。具体的には、日本語新聞を含む「外国語」（非英語）出版物の翻訳・内容分析は、主として司法省が一九四〇年後半から組織的に開始し、開戦時までにその対象は約七

○○紙・誌に達していた。そして一九四一年八月には、「敵性外国人に対する［開戦の際の］行動の手順と指針は、事前に策定済みである」という文書が司法省幹部に提出されている。開戦直後のＦＢＩなどによる逮捕・連行や資産凍結といった一連の統制は、日系新聞人にとっては寝耳に水であったが、実施した政府当局にとっては綿密に準備・計画された予定どおりの行動だったのである。

事前の内偵の好例を示してくれるのが、ＦＢＩのシアトル支部が作成した一九四一年一月十四日付の内部報告書である。報告書は、現地の日系人が発行していた複数の新聞について、記事の英訳、部数、発行者や編集幹部の氏名、彼らの住所や渡米歴、などを詳しく記録している。たとえば、『北米時事』の経営者について報告書は、「在シアトルの日本人領事の親友であり、彼の新聞は明らかに親日的な論調である」と断定している。シアトルのもう一つの日刊紙『大北《たいほく》日報』についても、「編集方針が親日的」と特徴づけている。より小規模な週刊紙『大衆』や二世むけの英字週刊紙『ジャパニーズ・アメリカン・クーリア』（*Japanese American Courier*）についても、同様の分析をおこなっている。

なお、政府当局は日本語新聞の報道を注視することで、日本政府の対外政策や日米関係に対する日系人一般の受けとめ方、ひいては彼らの政治的傾向を見きわめようともしていた。実際、その試みは相当の成果をあげていた。開戦前の日本語新聞の多くが、かなり率直に日本のアジア侵出を支持し、かつ日本の国策を認めようとしないアメリカ政府をときに強く批判していたからである。「[日米開戦前の]一世たちは、アメリカで発行される日本語新聞や、日本からくる雑誌などで、勇ましい祖国を偲び、いわゆる必勝の信念を燃やしていた」(白井昇『カリフォルニア日系人強制収容所』〈河出書房新社、一九八一年〉、一一ページ)。一世の白井昇がそう指摘しているように、日本うまれの一世の多くはアジアにおける母国の膨張政策に期待をかけ、日本語新聞も彼らのナショナリスティックな心情を代弁・鼓舞していた。日本軍への慰問袋や恤兵金《じゅっぺいきん》の送付を熱心によびかける新聞もあった。アメリカ政府は、日本語新聞を監視することで、日系人の政治的動向をもつぶさに観察できていたわけである。

こうした周到な事前調査にもとづき、少なくとも真珠湾攻撃の数ヵ月前には、有事の場合の統制手順はほぼ確定していた。前述したターミナル島の『南沿岸時報』はその好例を示してくれる。一九四一年八月の時点でFBIは、同紙の社長兼編集者である平賀重昌《じゅうしょう》が日本海軍協会という親日的な団体の勧誘にかかわっていたことなどを詳細な報告書にまとめている。平賀は真珠湾攻撃の当日にFBIに拘束され、『南沿岸時報』もそのまま廃刊に追い込まれている。予期せぬ開戦に際し、それまで着々と準備をすすめていた政府に日本語新聞が翻弄されたのも無理はなかった。

日本語新聞の利用と「自己規制」

統制しながら利用する方針

ここで留意しておくべき重要な点がある。それは、すでに何度か言及しているように、連邦政府は基本的に日本語新聞を「統制」しながら「利用」しようとしていた、ということである。

つまり、政府の主たる目的は、力ずくで「敵国語」新聞を駆逐することではなく、ある程度の統制をしながら彼らを「メッセンジャー」、あるいは情報源として各種の戦時政策に利用することなのであった。たとえば、開戦直後、ロサンゼルスのリトル・トウキョウで日系人の商店が次々に閉鎖させられたことを受け、日本語新聞も同じようにすべきかと代表者が政府当局に問いあわせたことがあった。この際の回答は、「日本語新聞を閉鎖させる政府の命令は発令されていない」という、実に簡素なものであった。たとえ編集幹部がＦＢＩに逮捕・連行されたり、実際にあったように一時的な発行停止命令を受けても、ある程度の余力がある新聞社は立ち退き政策が実施されるまでは存続することができたし、むしろ連邦政府もそう望んでいたのである。

前述したロサンゼルスの『米國産業日報』を例にとれば、幹部を連行する一方で、政府当局が意図的に発行を継続させていたことが内部文書から裏づけられる。一九四二年三月末、同紙が「極端に親枢軸国的な情報を掲載しつづけている」という情報を得た国務省が、同紙の調査を司法省に求めたことがあった。必要であれば強硬な手段に訴えることを国務省は求めたが、司法省の担当者は『米國産業日報』が現在は親米的な報道姿勢を見せていることを確認した上で、「［国務省が］求めているような行政措置をとる理由はない」と返答している。この担当者も認めているように、司法省は報道に目を光らせてはいたが、かといって強制的に発行を停止させるつもりは微塵もなかった。

「自己規制させる」ねらい

さらにいえば、政府にとってもっとも理想的な展開は、幹部の逮捕・連行、資産凍結、記事の英訳提出など強度の統制を最初期に実施しておくことで、日本語新聞に「自己規制させる」ことであった。こうすることで、報道統制の手間を大幅に省くことができ、同時に日本語新聞を最大限に利用することもできたからである。

実際、一連の初期統制は絶大な効果をあげ、日本語新聞から自己規制を引きだすという政府のねらいは十分に達成されていた。このことを如実に示す好例として、フレズノの『中加時報』が一九四二年一月八日号に掲載した社告がある。「紙上に掲くる記事は……全部を英文に翻訳して其都《その》度当局に提示し、許可を得るに非《あ》らずんば刊行発送し能《あた》はざるのである」と断った上で、同紙は「言動を慎む」必要性を次のように訴えている。「吾人《ごじん》は此《この》際、常に言動を慎み克《よ》く米国の示達を守り、在留民として奉公の義務を怠らず協力一致、至誠を尽くすべきであると思うのである」。社告は別の箇所でこう断ってもいる。「凡《すべ》てが米国の戦時体制に順応し、与えられたる範囲に於て発刊するの外なく、従って広汎に渉る記事の充実が不可能となることを諒察され御寛容を願う次第である」。

「自己規制」をより実体的に例証する事実もある。多くの主要日本語新聞が、開戦を機にそれまで親日的だった論調を急激に反転させているのである。

親米的論調への急転換

日米が開戦する以前、主要紙の多くは日本のアジア侵出を好意的に受けとめ、それを容認しようとしないアメリカやイギリス政府に批判的でさえあった。日系人の立ち退き・収容政策を実行した陸軍のＷＤＣ（西部防衛司令部・第四陸軍、Western Defense Command and Fourth Army）は、真珠湾攻撃前の日本語新聞が共通して推進していた運動として、日本軍への献金、天皇の崇拝、日本政府と日系人の関係強化、の三点をあげている。紙名は明らかにしていないものの、四つの主要日本語新聞を調査した司法省の文書も、各紙が「確信的に親日的な見方」をしていると結論づけている。

参考までに、開戦前に親日的な言動をくり返していたのは、何も日本語新聞に限ったことではなかった。アメリカ社会でことごとく差別・排斥されつづけてきた日系人の歴史を考えれば、とくに一世が出身国である日本に愛着を感じるのは無理からぬことであった。

このことは各種の史料・文献でも示されている。たとえば、日系人が立ち退き・収容を受けた直後に収容施設を訪問・調査したアメリカ・フレンズ（フレンド派）奉仕団（The American Friends Service Committee）は、「一世の多くは、［アメリカで］差別を受けているため日本に忠誠心をいだいたままである」と指摘している。アメリカ史研究者の米山裕も、「移民やその子供達は、ある意味で二等市民であった。差別を受ければ受けるほど、彼らは誇るべきものを必要とした。〈故国〉はその誇るべきシンボルとして最も強力であった」と論じている。

ところが、十二月七日を境にそれまでの親日的な報道姿勢はとたんに影をひそめ、紙面はほぼ親米一色に染まってしまった。ふたたびロサンゼルスの『米國産業日報』を例にとると、司法省の調査報告書は同紙の論調の急変について次のように記している。「[真珠湾攻撃]以前は、この新聞の記事の九〇%以上は親日的な論調であった。[開戦後]この新聞の管理は一世から二世に移された。経営者が交代したことで、ニュース報道の方針にも変化が起こった。開戦以後、[司法省が]受けとっている全号において、日本語・英語両面ともに、親連合国的な傾向が見られる」。

論調の急転換は、同じくロサンゼルスの『羅府新報』でも確認できる。日米が敵国同士になる以前の同紙は、日本の情勢をつねに注視し、機会をとらえて日本に尽力しようと努めていた。前述した米山裕が指摘しているように、アメリカ国内で日本の対中国政策が批判されるなかでも、日本の戦いを「価値ある聖戦」として支持しつづけ、一九四一年新年（元旦）号では「大東亜共栄圏」建設のために日系人も「一億一心」の精神で貢献するべきだと訴えていた。

しかし、日米が宣戦布告すると、『羅府新報』は徹底して親米路線を歩むようになった。

一九四一年十二月十日号の社告は、「在米同胞は……米国に報恩感謝の誠心を尽し、百パーセント協力［し］、ロー［ズ］ヴェルト大統領の下、挙国一致の体制に即応しなければならない」と訴えている。同じ趣旨の記事・論説はその後もくり返し掲載されている。

「強いられた自己規制」

もちろん、きわめて制約の多い、非日常的な状況に置かれていたからこその「強いられた自己規制」であったことは間違いない。攻撃的な排日世論に包囲され、かつ政府当局の統制を意識しながらの言論・報道活動だったからである。混乱をきたす日系人社会の公的な指導機関としても、発信しえる内容にはおのずから限界があった。このときの日本語新聞の役割について『羅府新報』は、「戦時下、米国の諸法規を厳守し、デモクラシー防衛のため米国政府に百％協力し、皆様と共に全力を挙げてこの国の政策を支持する事に努め［る］」ことだと明言しているが、換言すれば、この目的に合致しない情報や見解を掲載することはきわめて難しかった。

意図して書かない、あるいは書けない内容があったことは、複数の日系報道人も率直に認めている。当時、『羅府新報』の記者であった帰米二世のジョー・イノウエ（Joe Inoue）は、「僕達は最後まで頑張りました。というのは、統制下にあって英語を読めない人達がいましたから、アメリカ政府と協力して政府の指令とかをできるだけ書きました。日本軍がどうしたということは書きませんでした」と述懐している。コロラド州デンヴァーの『ロッキー日本』でコラムニストをしていた一世の児玉《こだま》初一郎《はついちろう》も、窮屈で重苦しい言論・報道環境を次のようにつづっている。「筆を執って、何か書かんとすると、私は自分の境遇を顧みて、筆は萎縮する、想も畏縮して来る。之《こ》れは、自分は敵国人であるとの自覚から来るもので、縦横に筆を走らすことも、放胆なる論議も出来ない境地に立って居るからである」。

それにしても、アメリカ連邦政府からすれば、「自己規制」に努め、また熱心に自国を支持してくれる日本語新聞は実に利用価値の高い媒体となっていた。いまや政府にとって日本語新聞は、規制・監視すべき「敵国語」新聞であると同時に、いやそれ以上に、「敵国語」で書かれているがゆえに、きわめて利用価値の高い戦時資源となっていた。

政府と日本語新聞の不均衡な相互依存関係

日本語新聞の「メッセンジャー」化

開戦直後こそ強硬策を講じた連邦政府であったが、その後は基本的に日本語新聞の「自己規制」にまかせ、ある程度の統制を加えながら翻訳機能つきの「メッセンジャー」として彼らを利用するようになった。

日本語新聞側もすすんで政府に協力した。ロサンゼルスの『羅府新報』は百周年記念誌において、「開戦と同時に［日本軍の］戦闘に関する記事はぱったりと止まってしまった」こと、そして「それ以降、『羅府新報』はアメリカ政府および軍の命令を知らせる伝送路となった」ことを認めている。サンフランシスコの『日米』で記者をしていた池添一馬も、開戦後は政府に対して「批判的な記事は書」かないよう自粛し、「アメリカの御用新聞みたいな色彩」になったと回顧している。池添はまた、『日米』は政府から指令・通達等を受けわたされ、これを翻訳し掲載することで「いわば当局の伝達・情報機関として機能」していたとも語っている。

政府の基本方針が「統制」と「利用」にあったことは、ロサンゼルスの『加州毎日新聞』が発行した号外を見てもよくわかる。一九四一年十二月二十八日付のその号外は、司法省から電報で要請を受け発行されたもので、同紙はそのいきさつを次のように説明している。

昨廿《にじゅう》七日午後四時……首都ワシントンの合衆国検事総長フランシス・ビッドル（Francis Biddle）閣下から本社に宛、左《さ》の如き長文の［英文］電報が参りましたので、本紙は取り敢えず日曜［二十八日］朝十一時号外を発行して、読者諸賢の御参考に供する事にしました。何事も、米国政府の御指図通りに行動して下さい。

号外の内容は短波ラジオやカメラの所持を一世に禁じる司法省の命令であるが、似たような情報掲載の要請は頻繁にあった。政府にとって日本語新聞は、翻訳機能までついたこのうえなく便利な「メッセンジャー」となっていたわけである。

日系人の強制立ち退き・収容がはじまると、連邦政府はますます「メッセンジャー」としての役割を日本語新聞に期待するようになった。そもそも、ある特定の集団を丸ごと居住地から追放し収容施設に隔離するという企ては、前例もなく、多くの困難が予想される複雑で大がかりな政策であった。これを成功裏に実行するためには、多数の命令や通達を正確に、迅速に、もれなく、しかも日本語で周知させる必要があった。しかし、政府には日本語を思いどおりに操れる人材はほとんどいない。日本語新聞の利用価値が高まるのは必然であった。

皮肉ではあるが、立ち退き・収容は日本語新聞があったからこそ実現可能だったとも考えられる。小平尚道は次のように指摘している。

英字新聞を読まない一世は邦字新聞がないと、日本人社会になにが起きているかはもちろん、日本人がどう行動すればよいかも分らず、ずいぶん混乱しただろう。新聞の発行は、日本人社会のために絶対に必要だった。特にアメリカ政府の命令を伝達するパイプとして欠くことのできない存在だった（小平尚道『アメリカ強制収容所―戦争と日系人』〈玉川大学出版部、一九八〇年〉、九一ページ）。

日本語新聞がなければ、少なくとも連邦政府の日系人政策は実際よりもはるかに手間どっていたはずである。

政府と日本語新聞の利害一致

ただし、戦時政府による日本語新聞のコントロール政策を十全に理解するためには、政府に統制・利用されることが日本語新聞に一定の恩恵をもたらしていた事実にも目をむける必要がある。視点を反転させれば、日本語新聞のほうこそ、したたかに政府の力を逆利用していたともいえるのである。両者の関係は、統制する側・される側という一方向的なものでは必ずしもなく、ある程度一致する利害をかかえ相互に協力・利用しあう性質を多分に含んでいた。

利害一致の最たる例をあげると、緊急時に政府の「メッセンジャー」として利用されることは、日本語新聞にとっての根源的な責務の遂行を格段に容易にした。その責務とは、日系人が知るべき重要な情報、とくに政府が発表する命令や通達を、迅速かつ正確に伝えることである。読者の人生を左右しかねない政府発の情報を間違いなく、もれなく報道することは、当時の日本語新聞にとって最大の存在意義だったといっても過言ではない。政府の情報伝達網に組み込まれることには、突然の開戦により窮地に立たされていた「敵国語」新聞にとって、はかり知れない利点があった。

さらに、政府の政策や意向を伝える媒体となることで、日本語新聞は日系人社会で指導的な地位を保ち、かつ外部の主流社会に対してもその存在意義を主張することができた。そもそも、日本語新聞の役割は単に発生した出来事を客観的に伝えることだけではなかった。読者に行動の指針や規範を示し、また外部社会に対して自集団の存在を認めさせることも重要な使命であった。連邦政府に利用価値を認められ、戦時政策に積極的に協力することで、日本語新聞はみずからの指導的地位・存在意義を内外にむけて顕示することができた。

政府に利用されることで社会的地位を急激に高めていた新聞として、ロサンゼルスのオピニオン紙『同胞』は注目に値する。一九三七年創刊の『同胞』は、アメリカ本土の日本語新聞としてはめずらしく、共産主義的な立場から一貫して日本政府を批判する論陣を張っていた。そのため、開戦前の日系人社会ではとかく異端視される存在であった。ところが開戦後は、一度も発行停止命令を受けず、政府とも緊密に協力しあうようになったことで、人気を急上昇させていた。創刊当初より会計を担当していたジェイムズ・オダ（James Oda）は、開戦直後の周囲の急変ぶりを次のように回顧している。「本社は……平常はヒッソリとして誰もいなかった。ところが、開戦になると、この事務所は訪問客で満員という盛況ぶりであった。そのほとんどは見知らぬ人達であった」。人々が『同胞』に殺到した理由についてオダは、「『同胞』社に出入りしていることは本人が反軍部であり親米派であることを証左するものと思ったのであろう」と説明している。

発行継続の「お墨つき」

もう一つ、政府による統制・利用が日本語新聞にもたらした重要な利点として、発行を継続する「お墨つき」が得られた点を見逃すことはできない。つまり、その命運を連邦政府に握られていた「敵国語」新聞にとっては、政府のために働く忠実な「メッセンジャー」となることが、もっとも賢明な、かつほぼ唯一の生き残り戦略となっていたのである。さらにいえば、政府に統制・利用されながら、政府の権力をうまく逆利用していたと見ることもできる。

政府への協力が日本語新聞の生存を助けていたことは、開戦直後に発行を停止させられていた『日米』が再刊にこぎつけた背景を見るとわかりやすい。サンフランシスコの『日米』は真珠湾攻撃の一報を伝える一九四一年十二月八日号を発刊後、約三週間にわたりFBIと財務省に発行を停止させられてしまった。しかし、さまざまな形で政府当局に協力・貢献できることを交渉を通して積極的に訴えたことで、約三週間後、十二月二十九日号から発行を再開することができた。

利用価値を政府に認めてもらうことで、首尾よく発行を継続する「お墨つき」を取りつけていたのである。この点について編集長の浅野七之助《しちのすけ》は、「今、戦争で日本人社会は非常に混乱して［いるため］軍部としても邦字新聞は一つくらいはあった方が軍令が徹底するんだから、というようなことを誓願《（ママ）》しましたら戦争の年、すぐ、一九四一年の十二月にもう新聞を再刊してもいいといわれまして」と回顧している。

興味深いことに、『日米』はアメリカが参戦する以前から、もし日米両国が戦争をはじめても、アメリカ政府は日系人に情報を伝えるチャンネルとして日本語新聞を存続させるだろうと予測していた。真珠湾攻撃の約二ヵ月前、一九四一年九月二十三日号の社説は未来を見通すかのようにこう指摘している。

> かりに米国に於て、在留同胞［による］邦字の発刊機関を禁止したとしたならば、在留同胞の不便は絶対的であるが、米当局としても広範に散在している同胞居住者に政府の方針なる指令を徹底せしむる上に於て、非常なる困難は免れない事である。然《しか》れば、米当局［にとって］は常に邦字新聞と協調［することが］得策である……。

この社説からも、政府が彼らの力を必要としていることを見抜いた上で統制・利用されるという、日本語新聞のしたたかな生存戦略を見てとることができる。両者は相互依存的な関係にあったのである。

不均衡な相互依存関係

とはいえ、政府に利用価値を認められることで日本語新聞が存続している限り、両者の力関係は対等にはなりえず、したがって彼らの相互依存関係は本質的に「不均衡」であった。日本語新聞がしたたかに政府の権力を逆利用していたといっても、自身の運命を独力で切り開けたわけではない。生き残れるか否かは、結局のところ政府次第であった。両者の関係には、確かに相互依存的な側面があったが、それはいちじるしく均衡を欠く土台の上に成立していた。

日本語新聞もみずからの非力さはよく理解していた。既述の「お墨つき」にも通じる点であるが、「敵国語」新聞である自分たちが発行を継続できているのは、「民主主義」を信奉する「公正」で「寛大」なアメリカ政府のお陰である、という趣旨の指摘がしばしばなされている。たとえば、一九四一年十二月十三日号の『羅府新報』に掲載された社告は、次のように「言論・報道の自由」を尊重する連邦政府を賞賛している。

本紙は……［十二月］八日休刊致しましたのみで、引続き発行して居ります。これは、言論出版の自由を確保されているデモクラシーの米国であればこそ許されることで、同胞皆様と共に、この国の公正なる建前に満腔《まんこう》の敬意を表し、今後益々、政府の方針に協力すべきことは勿論《もちろん》であります……。

社告が認めているとおり、『羅府新報』は十二月八日号を休刊させられはしたものの、翌九日号からは「米国政府当局と相談の上」で発行再開を許可されていた。同じような言説はその後もたびたびくり返されている。

政府内の意見対立とその結末

政府内の意見対立

開戦後、日本語新聞を巧みに統制しながら利用してきた連邦政府であったが、実のところ内部では、文民当局と軍部が真っ向から対立していた。引きつづき日本語新聞を利用したい文官幹部に対し、陸軍の首脳は全面的な廃止を求めていた。

開戦当初こそ統制と利用の両道をすすむ前者の方針が優先されたものの、日本語新聞の行くすえを決定する上で、軍人の反対意見はきわめて重大な意味をもっていた。なぜなら、一九四二年二月に大統領が立ち退き・収容政策を決定した際、それを実施する権限をほかならぬ陸軍に与えたことで、少なくとも西海岸では「敵国語」新聞の続刊に関しては軍人が最終的な決定権を握ることになったからである。

「外国語」（非英語）のマス・メディア対策において中心的な役割をはたしていた文民当局は、日本語新聞を存続させ利用することを一貫して主張していた。

日本語新聞の存続を望む文民当局

その代表格がＯＦＦ（事実統計局、Office of Facts and Figures）である。ＯＦＦは、国防政策全般にわたる情報・広報活動をになう連邦政府機関として、日米開戦前の一九四一年十月二十四日に設立された。アメリカの参戦後にその役割は重要度を格段に増し、戦争に関するあらゆる情報を収集・整理・編集し、各省庁間の連絡・調整をし、それらを各種の報道機関・団体・個人に提供するなど、戦時政府の広報窓口として機能するようになっていた。

ＯＦＦなどに所属する比較的にリベラルな文官は、「市民的自由主義」と「現実主義」という二つの原則に立脚して日本語新聞を扱おうとしていた。「市民的自由主義」とは、言論・報道機関を強権的に規制・管理するのではなく、できる限り広く憲法的自由・権利を認め、協調関係を築こうとする立場を意味する。「現実主義」は、既存の外国語マス・メディアを貴重な戦時資源ととらえ、政府の政策のために積極的に活用する、という考え方である。この二つの理念を柱とすることで、「自由の国」という国家の体面を維持しながら、報道統制の実利を最大限に追求することができたのである。

実際、文官の一石二鳥の考えはそのまま連邦政府全体の基本理念ともなり、開戦後しばらくは、日本語新聞を弾圧するのではなく、適度に統制しながら戦時政策に利用する方針がとられた。一九四二年四月初旬にOFFと司法省がまとめた共同政策文書は、リベラルで現実的なその方針をはっきりとこう正当化している。「忠実な外国語プレスは、それを通して政府が外国うまれの人々と交信できるコミュニケーション・チャンネルとして、非常に有用な役割をはたすことを自覚するべきである」。

全面的な発行停止を望む軍部

対照的に、軍部では「敵国語」の出版物は全面的に禁止すべきだという声が圧倒的に優勢であった。この問題をめぐり中心的な役割をはたしたのは、陸軍のWDC（西部防衛司令部・第四陸軍、Westerrn Defense Command and Fourth Army）である。WDCは、西海岸周辺に軍事地域を指定し、そこから日系人を立ち退かせる任務をまかされていた。

WDCにとって日本語新聞は、積極的に利用すべき戦時資源どころか、ただちに排除すべき危険物でしかなかった。判読不能な「敵国語」で書かれた出版物は、国家の安全をおびやかす情報や思想を流布するおそれがあるため、即刻、かつ全面的に発行を停止させなければならない、というのである。ある陸軍幹部の言葉を借りれば、彼らが望んだのは、「[日本語]新聞の事業を停止させることで、難解な日本語に隠れてプロパガンダが伝えられる経路を断つ」ことであった。

なお、憲法が保障している市民的自由を犠牲にしても治安維持・安全確保を優先するこの軍部の考え方こそ、日系人の立ち退き・収容を正当化した主たる論拠であった。陸軍は日系人を「潜在的に危険な敵性外国人」とみなし、たとえ各個人の危険性を裏づける証拠がなくとも、全員を西海岸から追放することが「軍事的必要」にかなうと主張した。日本語新聞を排除しようとしたのも基本的に同じ論理による。この意味で、日本語新聞の存続をめぐる軍人と文官の衝突は、日系人の立ち退き・収容政策そのものをめぐる政府内での意見対立の縮図であった。

物別れの決着

政府として方針を統一する試みはなされたが、民主主義の原則を維持しながら実利を得たい文官と強硬策を求める軍部の溝は容易には埋まらず、実質的には物別れに終わった。一九四二年二月に立ち退き・収容が決定され、その実施にともない約三ヵ月後に西海岸から日本語新聞の灯火が消えるまで、お互いがお互いの権限内で、みずからの主張を貫徹したのである。

まず、もっとも重要な点として、少なくとも西海岸では日本語新聞の続刊をめぐる最終的な決定権は文官ではなく軍人が握った。その根本的な原因は、既述のとおり、大統領が日系人を立ち退かせる権限を陸軍に与えたことにある。大統領が発した行政命令により、陸軍は独自の判断で西海岸一帯を軍事地域に指定し、そこから日系人を追放することができた。日系人が立ち退かされれば、当然、彼らの手で編集・発行される日本語新聞も姿を消さざるをえない。

つまり、軍部は立ち退き・収容政策を実施することで、その副産物として西海岸の「敵国語」新聞を駆逐することができ、実際にそうしたわけである。文官幹部のなかには日系人の立ち退き・収容それ自体に反対する者もいたが、最終的に大統領を説きふせることはできなかった。大統領が同政策を承認し、その実施権限を陸軍に与えた瞬間、西海岸のすべての日本語新聞はいずれ発行停止に追いやられることを運命づけられていたといえる。その流れに対し日系新聞人はほとんど無力であった。この事実から、あらためて政府と日本語新聞の相互依存関係がいかに「不均衡」であったかがわかる。

もっとも、文官たちによる軍部への抵抗により、アメリカ本土の日本語新聞がかろうじて全滅を免れていた事実も軽視できない。西海岸の軍事指定地域「以外」で発行されていた新聞は、たとえその数はわずかでも、陸軍の立ち退き命令には影響を受けず、そのまま存続できたからである。文民当局の努力がすべて水泡に帰したわけではなかった。

生き残った三紙

立ち退きを免れ、戦中を通じて発行を継続できた日本語新聞は三紙あった。『ユタ日報』『格州《かくしゅう》時事』『ロッキー日本』である。前者はユタ州ソルト・レイク・シティー、後者の二紙はコロラド州デンヴァーで発行されていた。ユタ州とコロラド州は軍事地域に指定されず、現地の日系人は立ち退きを強制されなかった。立ち退かされた日系人は収容施設内でも新聞を発行しているが、それら「キャンプ新聞」以外で戦時を通じて発行できた日本語新聞は、右の三紙だけである。なお、『ロッキー日本』は一九四三年四月十二日号から『ロッキー新報』に改題されている。

もちろん、かろうじて生き残った三紙にしても、無制限に「言論・報道の自由」を享受できたわけではなく、戦中を通じてさまざまな形で政府当局に統制・利用されている。戦争が終わらぬ限り、日系人の「敵国語」新聞は政府との不均衡な相互依存関係から完全には脱却できなかった。

立ち退きによる最終的な発行停止

連邦政府内部での意見対立とは別に、日本語新聞の側も、ただ漫然と運命に身を委ね発行停止の日を迎えていたわけではない。西海岸のいくつかの主要紙は、立ち退き後も発行を継続しようと積極的に、かつしたたかに政府に働きかけていた。「仕方がない」と簡単に泣き寝入りしていたわけではなかったのである。

日本語新聞の続刊交渉

立ち退き後も発行を継続しようとしていた日本語新聞は複数あったが、なかでもとくに注目に値するのがサンフランシスコの『日米』である。日系人のジャーナリズムを代表する存在であり、一時は政府当局も続刊させることを真剣に考えたほど一目置かれる新聞であった。また実際、『日米』は西海岸の日本語新聞のなかではもっとも長く、一九四二年五月十六日号まで発行をつづけている。

『日米』の交渉のねらいは、いったん立ち退き命令を受け入れた上で、サンフランシスコ以外の地域に移動して発行をつづけることであった。一九四二年四月二日、社長のヤスオ・アビコ（Yasuo Abiko）は陸軍のＷＤＣ（西部防衛司令部・第四陸軍、Westerrn Defense Command and Fourth Army）に書簡を送り、『日米』をカリフォルニア州フレズノ郡デル・レイ地区、あるいは「当局が適切と判断する場所」に移す許可、さらにそのための経済的援助を求めている。前述のとおり、ＷＤＣは西海岸の安全保障を担当し、日系人の強制立ち退きを実行した陸軍の部局である。

アビコ社長はＷＤＣにあてた書簡のなかで、『日米』が存続することは日系人社会のみならず、軍を含めた政府の利益にもかなうと主張している。「これまでの数ヵ月間、『日米』は数多くの重要な情報を［日系人に］伝達することで多くの連邦政府機関に奉仕する特権を享受してきました」と強調し、この「公共サービス機関としての有用性は今後も大いに高まるでしょう」と訴えている。日米開戦直後から、政府と日本語新聞は相互依存的な関係を構築してきた。その実績をふまえ、『日米』に発行を継続させることは、ほかならぬ政府にとっても有益だと説得していたわけである。

なお、陸軍の幹部にあてた別の書簡のなかでアビコは、発行継続のためなら、「必要とみなされる政府の監督・管理・補助、そして検閲」を喜んで受け入れる意向を明らかにしている。そうすることで、少しでも政府（とくに軍部）の警戒心を緩和し、続刊の可能性を高めようとしていたと考えられる。「言論・報道の自由」はほぼ完全にあきらめなければならない。しかし、開戦後の『日米』は政府の統制を受けながら、「メッセンジャー」として戦時政策に利用されていた。『日米』もみずからその役目を買ってでていた。発行継続の許可と引き換えに「検閲」を甘受しても、現状と大差はなかったといえる。あえて政府の言論統制に服することが、「敵国語」新聞にとっては生き残るための数少ない戦略の一つになっていたことがわかる。

みずからの利用価値や政府への服従を強調する『日米』の戦略は、政府に交渉をもちかけていた他の日本語新聞にも共通して見られる。それぞれ手法は異なっているが、開戦以来の相互依存関係を逆手にとり、忠実な「メッセンジャー」として今後も政府の役に立てる、と訴えていた。ロサンゼルスの『羅府新報』のように、みずから積極的に「検閲」を求め、「言論・報道の自由」を事実上放棄しようとする新聞さえあった。弱者のきわみともいえる「敵国語」新聞は、圧倒的な強者たる政府に統制・利用されることそれ自体に活路を求めざるをえなかったのである。

政府内の容認論

政府にとっての利点を強調する戦略が功を奏してか、連邦政府内には『日米』の移転・続刊に肯定的な声が一定数あった。そうした意見を代表していたのは、もちろん文官幹部である。比較的にリベラルな彼らは日本語新聞の利用価値を高く評価し、かつアメリカ合衆国憲法修正第一条（First Amendment）がうたう「言論・報道の自由」を維持するためにも、日本語新聞を存続させるべきだと考えていた。

日系人の収容施設を管理・運営したＷＲＡ（戦時転住局、War Relocation Authority）は、前述したＯＦＦ（事実統計局、Office of Facts and Figures）とならび、もっとも積極的に『日米』の続刊を支持した政府機関の一つである。ＷＲＡは、立ち退かされ収容施設に隔離された日系人の世話をする任を受けた政府機関で、大統領の行政命令により一九四二年三月十八日に設立された。陸軍のＷＤＣが日系人を西海岸から立ち退かせたのに対し、ＷＲＡは立ち退かされた日系人の受け入れを担当していた。立ち退かせる側が追放・排除の論理に、受け入れる側が保護・保存の論理に傾きがちであったのは、職務の本質的な違いからも、軍人と文官の価値観の違いからも自然であったといえる。

ただし、WRAがまったくの無条件で『日米』の続刊を認めるつもりでなかった点には留意しておく必要がある。内部文書にはっきりと記されているように、反政府的な活動の教唆《きょうさ》などを防止するため、「ある程度のチェックは当然おこなうべきである」と考えていた。一時、WRAはみずからが管理・運営する収容施設内に『日米』を移転させる案も検討していたが、そうした思惑があったことからも、WRAが『日米』の言論・報道内容に一定の制約を課すつもりでいたことは間違いない。WRAの条件つきの「言論・報道の自由」観は、次章で論じる収容施設内の「キャンプ新聞」に対する「監督」政策を解明する上でも鍵となる重要な論点である。

しかし、いくら政府内に容認派がいようとも、日本語新聞の努力が実を結ぶことはなかった。

不首尾に終わった交渉

交渉を不首尾に終わらせた最大の原因は、立ち退き地域の全権を握るWDCのジョン・L・デウィット（John L. DeWitt）将軍（図7）が「敵国語」新聞の存続を頑として許さなかったことである。一九四二年五月三日付の内部文書でデウィットは、西海岸での政策決定権はWDCが掌握しており、管轄内では「いかなる日本語新聞の再開も許可するつもりはない」と断言している。さらに将軍は、WDCの管轄地域「外」で『日米』が発行をつづけることにも反対で、それを阻止するため移転の許可も与えなかった。

ＯＦＦやＷＲＡの文官とは対照的に、軍人であるデウィットは「戦争の勝利」や「軍事的必要性」や「治安維持」のみを「国益」とみなした。他方、アメリカの戦争大義である「民主主義の防衛」や憲法が保障している「言論・報道の自由」は一顧だにしなかった。この点について、戦後に連邦議会が設立した調査委員会は、「デウィット将軍のアプローチは……危険を目の前にしてバランスのとれた判断を下そうとする分析者、あるいは慎重な思考者のそれではなかった」と結論づけている。

図７　立ち退き・収容政策の最高責任者を務めたWDCのジョン・L・デウィット（John L. DeWitt）将軍

デウィットがもともと日本人・日系人に強烈な差別感情をいだいていた事実も無視できない。将軍は「ジャップはジャップでしかない」「日本人（日系人）は敵性人種である」などと公言し、あからさまに日系人を嫌悪していた。立ち退き・収容を総括した最終報告書でも、「［日系人は］比較的に均一性が高く、同化しにくい集団で、人種・宗教・言語・慣習・思想教化という紐帯《ちゅうたい》で敵［日本・日本人］と密接に結びついている」とのべ、露骨に敵愾心《てきがい》を示している。嫌悪する「ジャップ」の「敵国語」新聞に発行継続を許すわけがなかった。

こうして、『日米』は一九四二年五月十六日号をもって発行停止となり、日米開戦から半年もしないうちに、西海岸からすべての日本語新聞が消滅することになった。当然、日系人社会にとっては大きな痛手であった。当時、全国規模で活動していた唯一の日系人団体、ＪＡＣＬ（日系市民協会、Japanese American Citizens League）の事務局長を務めていたマイク・マサオカ（Mike Masaoka）は、一九九〇年のインタヴューで次のように語っている。「政府は日本語新聞を閉鎖してしまった。しかし、日系人社会には比較的に多数の一世がおり、彼らは日本語しか話すことができない。［日本語の媒体を発行してもらうよう］陸軍に働きかけたが、受け入れられず、情報を行きわたらせるのに大変な苦労をした」。

西海岸で最後の日本語新聞

『日米』の発行停止について興味深いのは、水面下ですすめていた移転・続刊交渉に、同紙がなお一縷《いちる》の望みをつなぐ態度、あるいは未練を見せていたことである。次に引用するように、最終の五月十六日号の社告によれば、交渉はまだ「続行」中であった。

> 本社は事前に当局と種々交渉し、飽くまで新聞を継続する為に第二［軍事指定地］区に好適の場所を選定し、右移転方を交渉中でありましたが、当局の許可を待たずに立退き令が公布されたのであります。依って本社は、該法令に従い一先《ひとまず》桑港《そうこう》［サンフランシスコ］を立退き、全社員五十余名が一緒に集合所に入り、一方、交渉中の移転計画を続行する事に決定致しました。随《したが》って、新聞も本日を以《もっ》て休刊とし、準備完了の上、更に軍地域外の選定地に於て再刊をする予定であります。（傍点は引用者）

しかし実際には、この時点ですでにWDCから明確な回答を得ており、続刊の望みはほぼ絶たれていた。にもかかわらず、「廃刊」ではなく「休刊」という言葉を使い、「再刊をする予定」とまでいっているところに、交渉をあきらめ切れない気持ちがよくあらわれている。

　いずれにせよ、一八九九年の創刊以来、日系人社会を牽引《けんいん》してきた『日米』にとって、このような形でサンフランシスコを去らねばならないことは無念であった。その心情を、社告は抑制した調子で次のように説明している。

> 沿岸同胞殆《ほとん》ど全部立退きが完了し、今日、本社も其《そ》の殿《しんがり》を承り、新聞として最後ま

で報道の使命を果し、茲《ここ》に一先《ひとまず》休刊するに至りました事は誠に感慨無量であります……。茲に涙を振るって休刊の言葉とする次第であります。

『日米』の社員らがサンフランシスコを離れ、カリフォルニア州タンフォランの収容施設に入ったのは、最終号から四日後、一九四二年五月二十日のことであった。

新たな新聞の創刊計画

最後に、これも成就しなかったものの、親米的な日系人二世のグループが新たな日本語新聞を創刊しようとしていた事実についても記しておく。在来の日本語新聞が次々と姿を消すなか、連邦政府と連絡をとりながら日系人が自前の新聞を発刊しようとしていた事実は、戦時下の政府と日系人の双方がいかに「敵国語」のジャーナリズムを必要としていたかを例証する。

そのグループは「二世作家・芸術家民主主義動員団」（Nisei Writers and Artists Mobilization for Democracy、以後、二世団）といい、作家・ジャーナリスト・芸術家などアメリカに忠誠を誓う二世知識人により構成された。団長を務めたのは彫刻家・芸術家として著名なイサム・ノグチ（Isamu Noguchi）である。他のメンバーも指導的な立場にある二世ばかりで、日本を「敵国」と断じ、アメリカ政府を全面的に支持する立場を明確にしていた。その多くは前述したＪＡＣＬ（日系市民協会）の会員でもあった。ＪＡＣＬは、当時のアメリカで全国的に認知・組織化されていた唯一の日系人団体で、連邦政府とは協力関係にあった。二世団の目的は、その名称が示すとおり、メンバーの特殊な知識や技能を活かし、アメリカをはじめとする民主主義陣営の信奉者となるよう他の日系人を教化することであった。その延長線上で、政府の戦時政策を支援し、ひいては日系人に配慮した政策をとるよう働きかけるねらいもあった。

二世団には文才のある人物が多く参加していたため、活動の一環として、新しい日本語新聞を創刊しようという案が浮上した。彼らが考えた創刊計画の大枠は、政府当局から経済的な支援と編集上の監督・指導を受けながら、二世団のメンバーが編集・発行の実務を担当する、というものであった。この計画の骨子はノグチが「メモランダム」（覚書）にまとめ、強制立ち退き・収容が決定された直後にＯＦＦ（事実統計局）に提出している。ＯＦＦは二世団がもっとも頻繁に連絡をとりあっていた連邦政府機関で、日本語新聞の統制・利用において政府内で中心的な役割をはたしていた。

ノグチの「メモランダム」によれば、新たに創刊する日本語新聞の最大の目的は、立ち退き・収容を受けた日系人を「アメリカナイズ」（アメリカ化）する、つまり、日本ではなく唯一アメリカのみを支持するよう再教育することであった。このねらいについてノグチは、「日本人を祖先にもつ人々に、彼らの利益と合衆国のそれとが同一であることを認識させる」と説明している。もちろん、「アメリカ化」の主たる対象は、アメリカでうまれ育った二世よりも、日本に対して強い愛郷心をもつ傾向の強い一世であった。

二世団は、連邦政府が既存の日本語新聞を接収、もしくは買いあげれば、人材・設備の両面において迅速、かつ効率的に計画を実現できると提案していた。完全に新しい新聞をつくりあげることは非現実的だと判断した結果である。この点について、ノグチら二世団の代表者はＯＦＦに送った書簡で、次のように説明している。

戦時下、アメリカ在住の日系人を適切にコントロールする上で、国家全体の戦時政策と連携した日本語新聞は、きわめて有用な道具であると確信しています。とはいえ、現在ある日本語新聞をそのまま継続させることは、当然、適切な方策とはいえません。しかし、われわれの考えでは、現存する日本語新聞は少なくとも、新たに求められているる新聞を形づくる中核にはなります。

以上の理由から、われわれは、日本語新聞をいますぐ完全に停止させてしまうべきではないと考えます。追求すべき最善の策は、われわれが見るところ、しかるべき政府当局が策定・実行する政策の下で、日本語新聞を継続させることです。

（傍点は引用者）

この書簡が書かれた時点（一九四二年二月二十五日）では、複数の日本語新聞がロサンゼルス・サンフランシスコ・シアトルなどで発行をつづけており、そのリストも書簡に添付されている。それらの新聞をしばらく継続させ、政府の支援でそのなかの一紙を引き継ぐ形で、二世団は新しい新聞の創刊を計画していたわけである。

二世団の計画に対し、ＯＦＦはかなり好意的であった。幹部の一人は内部文書で、「ＯＦＦが日系人と取り組んでいる仕事について、私にはいくつかの確信があります。その一つは、合衆国にいるほとんどの日系人に届く日本語新聞を少なくとも一紙、直接的あるいは間接的にコントロールすることです」と進言している。その後、この幹部は二世団の代表者へ、「そのような新聞をはじめることには、きわめて価値の高い目的がある。われわれの計画がうまくいくよう願っている」と書き送り、実際の創刊作業に参加する二世の人選なども検討している。そもそもＯＦＦは、陸軍と対立してまでも既存の日本語新聞を残し、政府の戦時政策のために利用すべきだと主張していた。親米的な二世団による新しい新聞の創刊は、その方針と合致する歓迎すべき提案であり、反対する理由はなかった。

計画の立ち消え

しかし、二世団の新聞創刊計画も最終的には実現にいたらず、立ち消えてしまった。根本的な原因は、これまでも幾度か指摘してきたように、西海岸を統括していた陸軍のWDCが、西海岸における「敵国語」新聞の存続を断固として許さなかったことである。いくら連邦政府の文官が支持したところで、最終的な政策決定権を握る軍部が方針を曲げない限り、二世団の提案が実を結ぶことはなかった。これは、既存の日本語新聞の移転・続刊交渉と同じことである。

そして、立ち退き命令の実施により二世団それ自体も解散を強いられ、ほとんどのメンバーは戦時収容施設に送られてしまった。なお、そのなかの幾人かは収容先で「キャンプ新聞」の創刊・編集にかかわっている。二世団としてはあきらめざるをえなかった計画を、形は違えども、収容施設内で実行していたといえなくもない。

不均衡な相互依存関係の終焉

こうして、開戦以来つづいてきた政府と日本語新聞の相互依存関係は、少なくとも西海岸においてはその不均衡さゆえに終焉《しゅうえん》を迎えることになった。いくら「自己規制」を心がけ、政府の「メッセンジャー」として懸命に働いたところで、日本語新聞はみずからの運命を切り開く力をもちえなかった。この事実は、両者の相互依存関係の土台がいかに「不均衡」であったかを集約的に示している。

そして、圧倒的な強者である政府が弱者たる日系人を統制・利用するという構図は、立ち退きの次の段階である「収容施設」（キャンプ）へと引き継がれていった。開戦から立ち退きにいたる段階では、基本的に政府は直接的な「検閲」を回避し、日系人に「自己規制させる」ことで彼らのジャーナリズムを巧みに統制・利用していた。ではその後、日系人を遠隔地に追いやり、有刺鉄線で包囲してからは、彼ら「敵性外国人」の言論・報道活動に対して政府はどのような政策を講じたのであろうか。

キャンプへの収容

日系人に許されたのは、「管理された民主主義」であった。
島田法子『日系アメリカ人の太平洋戦争』
（リーベル出版、一九九五年）、八四ページ

二種類の収容施設（キャンプ）

立ち退きから収容へ

日系アメリカ人の強制立ち退き・収容政策は、フランクリン・D・ルーズヴェルト（Franklin D. Roosevelt）大統領が署名した行政命令第九〇六六号にもとづいて実行され、戦中を通じて継続した。大統領が行政命令を発令したのは一九四二年二月十九日、日米開戦から約二ヵ月半後のことである。

事実上、日系人のみを対象としたこの戦時政策は、ごく大まかにいえば二つの段階——「立ち退き」と「収容」——にわけることができる。西海岸に住む一二万人強の日系人は、まずそれぞれの居住地から「立ち退き」を命じられた。その次に、より内陸の土地に建設された隔離施設（キャンプ）に「収容」された。

しかし、しばしば等閑視される事実ではあるが、後者の「収容」それ自体も、施設の種類により少なくとも二つの段階――「集合所」と「転住所」――にわけることができる。

収容の二段階

立ち退かされた日系人のほとんどは、まず緊急につくられた「集合所」（assembly centers）に一時的に集められ、その数ヵ月後、より恒久的な「転住所」（relocation centers）に移された。前者の集合所が比較的に短期間で役割を終えたのに対して、後者の転住所は一ヵ所を除き終戦まで存続している。

集合所と転住所は、それぞれ異なる政府機関により管理・運営され、そのためキャンプ内での新聞の統制、つまり「言論・報道の自由」のありようにも違いがあった。したがって、本書も二種類のキャンプにおける報道統制を別々に論じる。

一時的な「集合所」

立ち退かされた日系人が最初に押し込められたのが、仮設の「集合所」（assembly centers）である。居住地を追われ、行き場を失った日系人を一時的に収容するための臨時施設であった。

集合所は一九四二年三月から陸軍により急造され、最終的に西海岸の四州に合計一六ヵ所設置されている（表1）。そのうち一三ヵ所はカリフォルニア州に置かれ、残りはアリ

表1　16ヵ所の集合所（assembly centers）

州名	名称	最大収容者数	開所期間(1942年)
アリゾナ州*	メイヤー(Mayer)	245	5月7日～6月2日
カリフォルニア州	フレズノ(Fresno)	5,120	5月6日～10月30日
	メアリーズヴィル(Marysville)	2,451	5月8日～6月29日
	マーセッド(Merced)	4,508	5月6日～9月15日
	オーウェンズ・ヴァレー† (Owens Valley)	9,837	3月21日～6月1日
	パインデール(Pinedale)	4,792	5月7日～7月23日
	ポモナ(Pomona)	5,434	5月7日～8月24日
	サクラメント(Sacramento)	4,739	5月6日～6月26日
	サリナス(Salinas)	3,586	4月27日～7月4日
	サンタ・アニタ(Santa Anita)	18,719	3月27日～10月27日
	ストックトン(Stockton)	4,271	5月10日～10月17日
	タンフォラン(Tanforan)	7,816	4月28日～10月13日
	テュレーリ(Tulare)	4,978	4月20日～9月4日
	ターロック(Turlock)	3,661	4月30日～8月12日
オレゴン州	ポートランド(Portland)	3,676	5月2日～9月10日
ワシントン州	ピュアラップ(Puyallup)	7,390	4月28日～9月12日

（注）　*＝アリゾナ州では，パーカー・ダム（Parker Dam）が「集合所」に準じる「受入所」（reception center）として1942年5月8日に開所しているが，唯一OIA（インディアン管理局，Office of Indian Affairs）が管理・運営に関与していたこともあり，一般的に「転住所」として位置づけられる．また，名称も「パーカー・ダム」や転住所としての正式名称であるコロラド・リヴァー（Colorado River）よりも，「ポストン」（Poston）が一般的である．ポストンを含む10ヵ所の転住所は表2と図10（116～117ページ）で示してある．

†＝オーウェンズ・ヴァレーの管理当局は1942年6月に陸軍の下部組織から文民機関のWRA（戦時転住局，War Relocation Authority）に移り，その後はWRAの下，1945年11月21日までマンザナー転住所（Manzanar Relocation Center）として存続した．厳密にいえば，オーウェンズ・ヴァレーも当初は「受入所」として設立されているが，上述のパーカー・ダムとは違い一般的に「集合所」として位置づけられるため，本書もその分類に従っている．

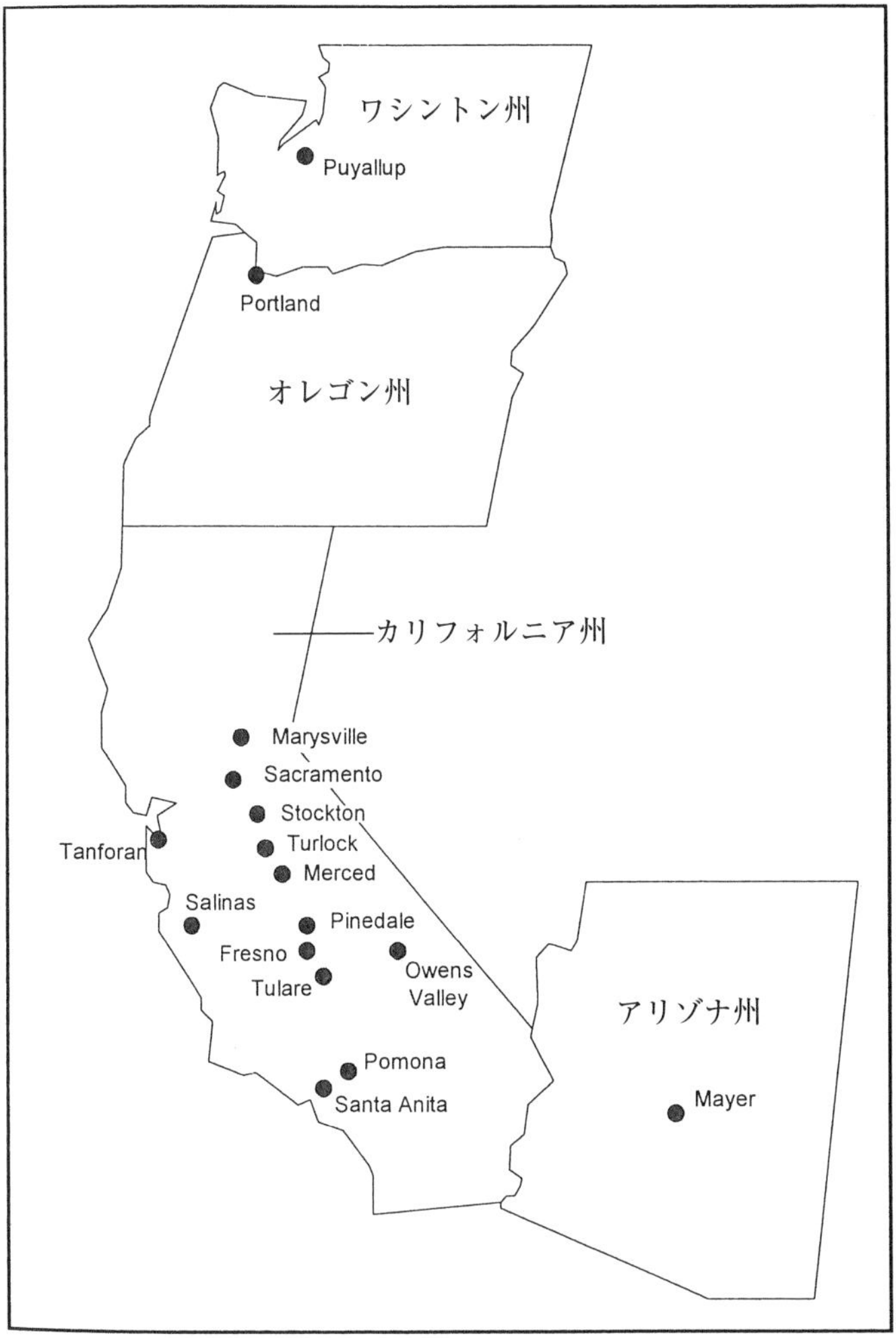

図8　集合所所在地図（Jeffery F. Burton, Mary M. Farrell, Florence B. Lord, and Richard W. Lord, with a new foreword by Tetstuden Kashima, *Confinement and Ethnicity: An Overview of World War II Japanese American Relocation Sites* [Seattle, WA: University of Washington Press, 2002], 35 を一部改変.）

ゾナ州（メイヤー）、オレゴン州（ポートランド）、ワシントン州（ピュアラップ）にそれぞれ一ヵ所ずつ建設された（図8）。皮肉にも、集合所のほとんどは日系人が立ち退きを命じられた（立ち入ることが禁じられた）軍事指定地域「内」に建てられていた。集合所の公式の定義は、「軍事指定地域外にある転住所へ整然と、かつ計画的に移動するまでの間、立ち退き者が軍事指定地域内で一時的に居住するに適した集合地点」であった。管理・運営したのは陸軍の部局である。

日系人が集合所に収容された時期は一九四二年三〜十月までで、順次、より内陸にもうけられた常設の「転住所」に移送されている。もっとも早く開設した集合所はカリフォルニア州オーウェンズ・ヴァレー（のちのマンザナー転住所）で三月二十一日、最後まで残ったのは同州フレズノで十月三十日に閉鎖されている。開設期間がもっとも短かったのはアリゾナ州メイヤーの一ヵ月弱、最長はカリフォルニア州サンタ・アニタの七ヵ月であった。集合所における日系人の滞在期間は、平均して約一〇〇日であった。

集合所の生活環境は劣悪であった。敷地には家畜の飼育場や競馬場、あるいは博覧会場や競技場などが転用され、しかもごく短期間で急造された。そのため、地面は舗装されず、住居用に建てられたバラックは隙間だらけで、頻繁に砂埃《すなぼこり》や害虫が侵入してきた。部屋

図９　二世の画家ミネ・オオクボ（Miné Okubo）が暮らしたカリフォルニア州タンフォラン集合所の部屋．競馬場の馬屋に住んだ（Miné Okubo, *Citizen 13660*［New York : Columbia University Press, 1946］, 35.）

は狭く、かつ薄い木材でへだてられ、ときに複数の家族が一つの部屋を共有することさえあり、プライヴァシーはないに等しかった（図9）。

住環境の劣悪さもさることながら、集合所への収容は精神的・心理的にも多大な苦痛を日系人に強いた。施設の多くは有刺鉄線で包囲され、夜間は武装した兵士が監視塔からサーチライトで所内を照らした。カリフォルニア州ポモナ集合所に送られたエステル・イシゴウ（Estelle Ishigo）は、「タワーからの監視は二十四時間、ゆるむことはありませんでした。フェンスを越えようとする者がいれば、いつでも機関銃を発砲できるよう準備ができていました」と記している。

イシゴウを含め多くの収容者や研究者が指摘するように、集合所はある種の「強制収容所」、あるいは「刑務所」に比類するものであった。同じことは、次に論じる常設の「転住所」についてもいえる。

恒久的な「転住所」

臨時施設である「集合所」にひとまず隔離された日系人は、順次、より恒久的な施設である「転住所」（relocation centers）に送られた。

転住所の公式の定義は、「連邦管轄の土地に建設された、連邦政府が提供する基本的な住宅と保護的なサービスを備えた、［日系人］立ち退き者が戦争期間中に居住する新しいコミュニティ」であった。

転住所は合計一〇ヵ所、集合所よりも内陸、かつ広範な地域に分散して建設された（表2）。アリゾナ州、アーカンソー州、カリフォルニア州にそれぞれ二ヵ所、残りはコロラド州、アイダホ州、ユタ州、ワイオミング州にそれぞれ一ヵ所ずつ置かれた（図10）。

転住所は仮設の集合所が機能しているのと同時並行的に陸軍が建設し、一九四二年五～十一月にかけて順次、集合所から収容者を受け入れた。もっとも早く開所したのはアリゾナ州ポストンで、一九四二年五月八日のことであった。全員の身柄が集合所から転住所に移ったのは、それから約半年後、アーカンソー州ジェロームに最後の集団が入所した十一月三日のことである。建設と日系人の移送は軍がおこなったが、転住所を管理・運営したのは文民の政府機関である。

しかし、転住所の生活環境は集合所のそれと大同小異で、とくに最初期は惨憺《さんたん》たるものであった。まず、気候条件が過酷であった。ほとんどは不毛の砂漠や荒野のただなかに孤立して建てられ、温暖な西海岸に慣れていた日系人の多くは砂嵐や内陸部特有の激しい寒暖差に苦しめられた。前述したイシゴウは、カリフォルニア州ポモナ集合所からワイオミング州ハート・マウンテン転住所に移った際に、「苦痛に対し強靭であるか、あるいは無

表２　10ヵ所の転住所（relocation centers）

州　　名	名　　称	最大収容者数	開所期間
アリゾナ州	ヒラ・リヴァー (Gila River)	13,348	1942年７月20日 ～1945年11月10日
	ポストン* (Poston)	17,814	1942年５月８日 ～1945年11月28日
アーカンソー州	ジェローム (Jerome)	8,497	1942年10月６日 ～1944年６月30日
	ローワー (Rohwer)	8,475	1942年９月18日 ～1945年11月30日
カリフォルニア州	マンザナー (Manzanar)	10,046	1942年６月２日 ～1945年11月21日
	テューリ・レーク† (Tule Lake)	18,789	1942年５月27日 ～1946年３月20日
コロラド州	グラナダ (Granada)	7,318	1942年８月27日 ～1945年10月15日
アイダホ州	ミニドカ (Minidoka)	9,397	1942年８月10日 ～1945年10月28日
ユタ州	トパーズ# (Topaz)	8,130	1942年９月11日 ～1945年10月31日
ワイオミング州	ハート・マウンテン (Heart Mountain)	10,767	1942年８月12日 ～1945年11月10日

（注）　＊＝正式名はコロラド・リヴァー（Colorado River）であるが，より一般的な通称はポストンである．

†＝テューリ・レークは1943年秋に「転住所」（relocation center）から「隔離所」（segregation center）に改組されている．「隔離所」には，1943年８月から10月にかけて，当局が「不忠誠」と判断した日系人とその家族などが他の転住所から集められた．

＃＝正式名はセントラル・ユタ（Central Utah）であるが，より一般的な通称はトパーズである．

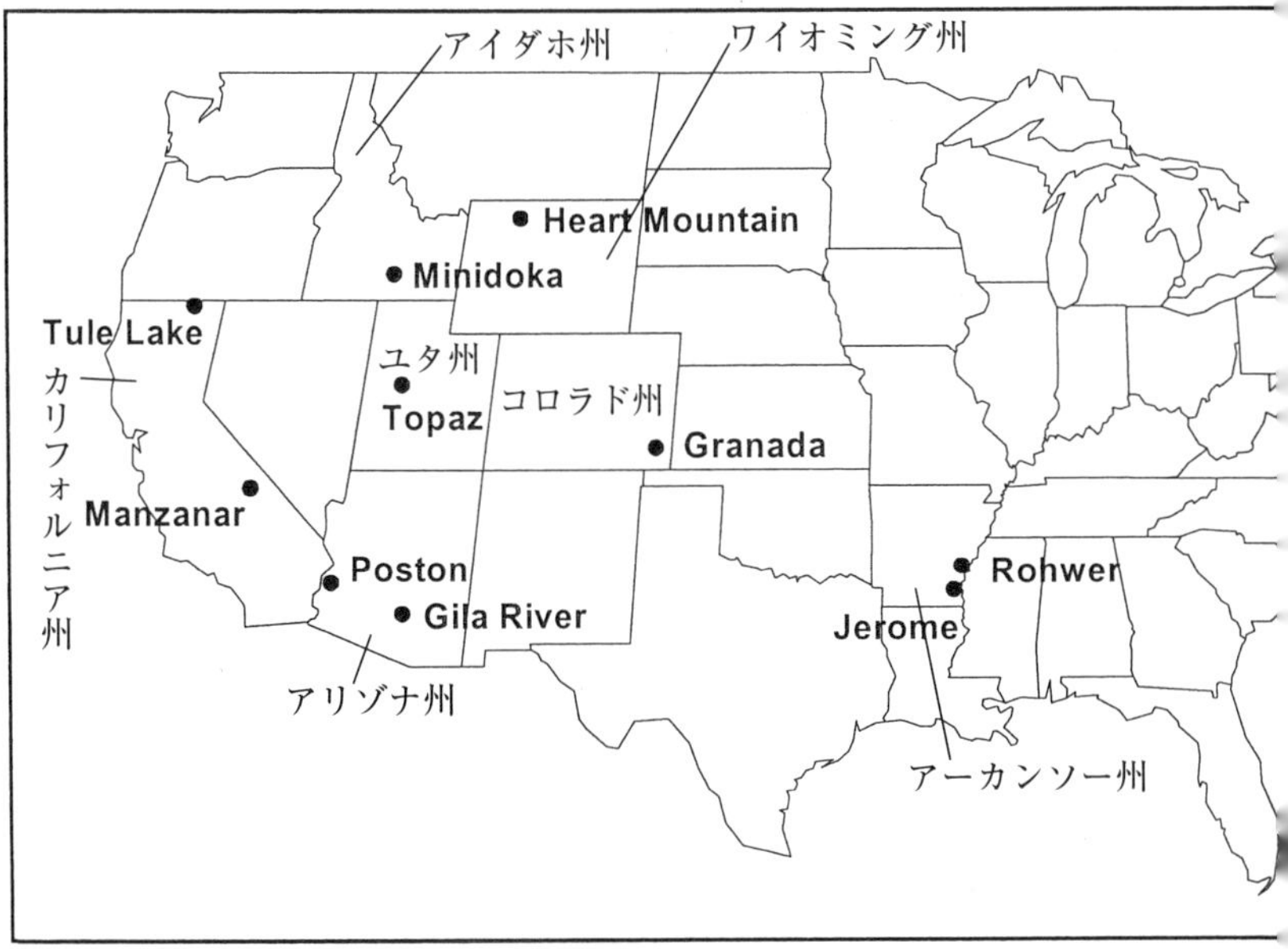

図10　転住所所在地図（Jeffery F. Burton, Mary M. Farrell, Florence B. Lord, and Richard W. Lord, with a new foreword by Tetstuden Kashima, *Confinement and Ethnicity: An Overview of World War II Japanese American Relocation Sites* [Seattle, WA: University of Washington Press, 2002], 39を一部改変.）

図11　強風が吹き荒れる転住所を行き交う日系人（Estelle Ishigo, *Lone Heart Mountain*［Los Angeles, CA : Anderson, Ritchie & Simon, 1972］, 21.）

感覚な者だけが耐えることのできるような場所だった」と書いている（図11）。

各種の施設も不十分であった。転住所は陸軍の工兵部隊が急造し、基本的には戦地の兵士が利用する宿舎に準じた、質的に最低限の設計であった。しかも、日系人の大多数は未完成の段階で入所させられている。集合所と同じく居住用のバラックはきわめて簡素なつくりで、薄い木材でいくつかの部屋に分割して使用したため、プライヴァシーを確保することはきわめて難しかった。また、食堂、洗濯場、シャワー室、洗面所、トイレなどは共用で、多

図12　未完成で空っぽのユタ州トパーズ転住所の室内．床には３インチもの砂埃がたまっていた．生活環境は日系人が自力で改善しなければならなかった（Miné Okubo, *Citizen 13660*［New York : Columbia University Press, 1946］, 128.）

くの面で集合所と変わらなかった（図12）。

当然、精神衛生の維持も困難であった。当局と日系人の間ばかりでなく、日系人同士でも不信感や不満が渦巻き、根拠のない情報が摩擦をさらに増幅させた。皮肉なことに、「噂」に関する古典的な研究の一つである『流言と社会』（*Improvised News*）は、立ち退き・収容を体験したタモツ・シブタニ（Tamotsu Shibutani）が自身の経験もふまえ戦後に出版したものである。転住所では集団的な騒動も幾度か起き、鎮圧のため軍隊が動員されることさえあった。

集合所の管理当局

陸軍のＷＣＣＡ（戦時民間人管理局）

臨時施設である集合所の管理・運営に直接あたったのは、陸軍の下部組織であるＷＣＣＡ（戦時民間人管理局、Wartime Civil Control Administration）である。日系人の立ち退き・収容を実施したＷＤＣ（西部防衛司令部・第四陸軍、Western Defense Command and Fourth Army）の文民部門として一九四二年三月十一日に設立され、最高責任者である局長に任命されたのはカール・Ｒ・ベンデッツェン（Karl R. Bendetsen）陸軍大尉（直後に大佐に昇格）であった。

その名のとおり、ＷＣＣＡは「民間人」（つまり日系人）を扱うための組織であったが、その本質はまぎれもなく「軍」であった。実務を担当した職員には多くの民間人が雇われたが、前段落で指摘したように、局長には軍人が就任し、所長をはじめ集合所内の主要な役職にも軍人が配置されていた。集合所に着目した数少ない研究者の一人である島田法子も指摘しているように、集合所の日系人は「いわば軍政のもと」に置かれていた（島田法子『日系アメリカ人の太平洋戦争』〈リーベル出版、一九九五年〉、三七ページ）。

「統制」を重視

したがって、WCCAが管理・運営した集合所では、軍隊のように「統制」が何よりも重視された。すべての集合所が閉鎖された一九四二年末、WCCAは各所の幹部の意見をまとめて政策全体を総括している。そこで一致した点は、「規律こそが不可欠である。……いかなる場合でも、権威、そして厳格で注意深い監督がなくてはならない」ということであった。この結論は、後述する各種の所内規則が有効かつ適切に機能した、という確信にもとづいていた。

直属の上部組織が日系人を敵視する傾向の強いWDCであったことも、WCCAの集合所運営を理解する上で無視できない。西海岸の安全保障に責任をもつWDCは、立ち退き・収容を実際におこなった陸軍の部局であり、日系人を「潜在的に危険な敵性外国人」とみなしていた。

そして、WDCを指揮したジョン・L・デウィット（John L. DeWitt）将軍は、いわばW

CCAの大もとの指揮官であるが、あからさまに日系人を毛嫌いしていた。既述のとおり、彼は西海岸の日本語新聞を全滅に追いやった張本人でもある。日系人をことさらに危険視するWDCの態度が、その傘下で集合所の管理・運営を担当するWCCAに波及しないはずがなかった。

軍と文民当局の乖離

「自由」よりも「統制」をはるかに重視するWCCAの軍隊的気質は、「集合所」を出所した日系人を「転住所」で受け入れたWRA（戦時転住局、War Relocation Authority）と比較すると、よりいっそう浮きぼりになる。WRAは大統領の行政命令第九一〇二号により一九四二年三月十八日に設立された連邦政府機関である。

完全な文民組織として設立されたWRAは、日系人の扱いをめぐり、軍人が指揮するWDCやWCCAと多くの点で意見を異にしていた。WRA局長を務めたディロン・S・マイヤー（Dillon S. Myer）は、任務をほぼ完了した一九四六年にまとめた内部報告書でこう総括している。「WDCの幹部は立ち退きの実施や［軍事指定］地域でのルール策定において独断的で、とくに一九四二年……の段階では専横的であった」。関係構築によほど苦労したのであろう、マイヤーはそれから約三十年後に出版した自叙伝のなかでも、「WCC

Aとの関係では……フラストレーションが延々とつづいた。カール・ベンデッツェン大佐［らWCCAやWDCの幹部］の考え方は、われわれWRAとは完全に食い違っており、関係の維持はつねに難航し、ときとしてまったく不可能でさえあった」とふり返っている。

双方の考え方の相違は、サンフランシスコの日本語新聞『日米』の続刊交渉をめぐる対応を見るとわかりやすい。立ち退き地域の全権を握っていたWDCは、すでに指摘したように、『日米』を危険な「敵国語」新聞とみなし、発行継続を頑として認めなかった。他方、比較的にリベラルで現実主義的な文官が集まっていたWRAは、『日米』の続刊に前むきであった。

このように、集合所が追いだす側の軍の論理で管理・運営されたことは、「市民的自由」の維持よりも「統制」がはるかに重視されるという点で、日系人の言論・報道活動に多大な影響を及ぼした。統制の内実は順次、具体的に説明していくが、軍の論理が支配する当局により、集合所の日系人はあらゆる面で「言論・報道の自由」を奪われることになった。

集合所における報道統制

集合所規則

まず、集合所当局はさまざまな規則を定めて日系人の諸活動を監視・制限している。そもそも、連邦政府が立ち退き・収容に踏み切ったのは、「日本人と同じ顔をした」日系人はすべからく「潜在的に危険な敵性外国人」だとみなしたからである。害悪をもたらす信用ならぬ集団だと判断されたがゆえに一般社会から隔離されたのであるから、収容施設で彼らの言動が大幅な制約を受けるのは当然の帰結であった。

「集合所規則」(center regulations) の起草は遅くとも一九四二年五月下旬にはじまり、六月中旬には初版がまとまり、数度の加筆・修正を経て、七月十八日に最終版が完成している。規則は、すべての集合所が閉鎖される同年十月いっぱいまで有効であった。なお、集合所は三月下旬から順次開設されているから、初版ができあがる六月中旬までは体系的な規則が存在しなかったことになる。しかし、その間に当局が策定・実施し、かつ定着した（あるいは、定着させるべきだと判断した）政策を集約したものが「集合所規則」であることを考えれば、全期間にわたる基本方針がそこに記されていると判断してさしつかえない。日系人にとって集合所規則は、拘束力をもつ「法律」そのものであった。集合所では、当局が決定した規則は外部社会における法律と同じ効力をもち、違反に対する罰則もあった。逮捕・収監される日系人も実際にいた。

日本語による出版・印刷物の禁止

日系人の言論・報道活動におそらくもっとも直接的、かつ深刻な影響を及ぼした規則は、日本語による出版・印刷物、つまり読み書きの禁止であった。規則はこう断言している。「集合所では、いかなる種類のニュース印刷物も日本語で準備、あるいは発行されない」。規則によれば、これは「[日本語の文書が]プロパガンダの道具や[日系人を]煽動するために利用される」ことを防ぐためであった。

日系人に日本語を使わせないという方針は、規則ができあがる以前、かなり早い段階で決定されていた。ＷＣＣＡ（戦時民間人管理局、Wartime Civil Control Administration）の最高責任者であるカール・ベンデッツェン局長は、遅くとも一九四二年四月十二日の時点で次のように明言している。「WDC［とWCCA］は日本語の新聞・定期刊行物の発行を禁止する方針である。状況により変更の必要性が生じない限り、この方針は集合所……でも維持される」。このとき、日系人を受け入れていたのは、合計一六ヵ所の集合所のうちカリフォルニア州オーウェンズ・ヴァレーとサンタ・アニタだけであった。この政策が最初期から確定していたことがわかる。

集合所における日本語の禁止はほぼ絶対的で、あらゆる種類の媒体に適用されている。規則はかさねてこう強調している。「新聞、書籍、パンフレット、定期刊行物、その他の文献等、いかなる種類の日本語の印刷物も……所内ではいかなるときにも許可されない」。少なくとも日本語による日系人の「言論・報道の自由」は、ほぼ全面的に否定されていた。

集合所では「キャンプ新聞」が発行されているが、記事中で部分的に日本語を使うことも禁じられている。たとえば、意思統一が不徹底だった最初期にいくつかの新聞が日本語記事を掲載した際、その報告を受けたベンデッツェンWCCA局長は、「検閲」をより厳重にさせる指令を全集合所に急送している。以後、新聞には英文記事しか掲載されなくなった。しかも、英文記事でさえも、すべてについて当局から事前に承認を得ることが義務づけられた。言語によらず、当局は日系人の「言論・報道の自由」をきびしく統制していたのである。キャンプ新聞の「検閲」については、あらためて後述する。

違反者に対する罰則も用意されていた。日本語の出版・印刷物の所持が発覚した場合、いかなる種類・性質であれ、それらは「禁制品とみなされ、集合所当局により没収される」。当局が徹底して「敵国語」を排除しようとしていたことがわかる。

わずかな例外と一貫性の欠如

日本語の禁止について当局はいくつかの例外を認めているが、範囲はごく狭く、しかもその解釈はしばしば統一性・一貫性を欠いた。規則によれば、「[当局に]承認された宗教書（聖書・賛美歌集）と英和辞書」だけは所持することが認められるはずであった。しかし、実際には六月二十六日までは辞書類の使用は禁止されていたし、その後も、例外とされたはずの書籍が没収されたり、内容を検分するために取りあげられることが多々あった。

日常生活や集合所の管理・運営上、最低限必要な公的情報の周知には日本語の使用が許されたが、その場合でも当局による事前の点検・許可が義務づけられ、日系人の発意や創意工夫が入り込む余地はほとんどなかった。規則は次のように命じている。「必要とされる消防・衛生・治安に関する取り決めは、［ＷＣＣＡ］本部の認可のもと、日本語で印刷することができる。通達を希望する情報は、公示する前に［WCCAに］提出し許可を得ること」。

郵便物の検閲と所持品検査

日本語の排除に万全を期すため、当局は日本語の出版・印刷物を集合所の「外部」からもち込むことも禁止している。所内でいくら厳格に日本語の読み書きを禁じても、外部からの流入を許しては意味がないからである。そのために当局は、日系人の私的な郵便物に対しても検閲を実施し、たとえば、立ち退き後も発行を継続していたユタ州・コロラド州の日本語新聞などを排除している。

それでも当局の目をすり抜けて入ってくる日本語の出版物は、所内で定期的に実施する所持品検査で他の禁制品とともに没収している。カリフォルニア州タンフォラン集合所のミネ・オオクボ（Miné Okubo）は、「徹底的な持ち物検査」がおこなわれ、「日本製のレコードや書籍などもすべて押収されてしまった」と記し、その様子をスケッチ画に記録している（図13）。同じくタンフォランの住民であった二世のリー・スエモト（Lee Suyemoto）は、容赦のない当局者のふるまいについて次のように回顧している。「私の母のスーツ・ケースが調べられたときのことを思いだす。ふたの部分を出身地の日本語新聞で裏打ちしていたため、母は叱責され、係官はその新聞紙を引きはがしてしまった」。当局がいかに

図13　禁制品を取り締まるため家宅捜索をする集合所の職員（Miné Okubo, *Citizen 13660* ［New York : Columbia University Press, 1946］, 108.）

執拗に日本語を排除しようとしていたかがわかる。

キャンプ（集合所）新聞の発行

集合所では新聞の発行が認められていた。合計一六あった集合所のうち一五ヵ所で発行され（表3）、所内の日系人に無料で配布されている。部数は場所や時期により異なるが、最大で五〜六〇〇〇部であった。

当局は、かなり早い段階で所内の日系人に「キャンプ新聞」を発行させる方針を固めており、実際、どの集合所でも迅速に実現している。場所によっては、基本的な生活を支える諸施設すら整っていない段階で新聞が誕生している。一二万人以上に及ぶ日系人の立ち退き、および集合所への移送は何回にもわけておこなわれているが、後発組の場合は入所した時点ですでに新聞が発行されていることもあった。

新聞発行のすばやさを象徴する例が、カリフォルニア州オーウェンズ・ヴァレーの『マンザナー・フリー・プレス』（*Manzanar Free Press*）である。オーウェンズ・ヴァレーはもっとも早く一九四二年三月二十一日に開所しているが、最初に入所した日系人のなかにロサンゼルス最大の日本語日刊紙『羅府《らふ》新報』（英語面）の記者二人が含まれていた。その翌日、二人はさっそく所長に面会して「情報ブース」の設置を請願している。正確な情報

（表３つづき）

オレゴン州 ポートランド (Portland)	『エヴァキュアゼット』 (*Evacuazette*)	５月19日～８月25日
ワシントン州 ピュアラップ (Puyallup)	『キャンプ・ハーモニー・ニューズ＝レター』 (*Camp Harmony News-Letter*)	５月５日～８月14日

（注）　＊＝『マンザナー・フリー・プレス』は，その後も1945年10月19日まで文民機関のWRA（戦時転住局，War Relocation Authority）の「監督」を受けながら発行をつづけている．他の集合所とは異なり，オーウェンズ・ヴァレーだけは陸軍からWRAに引き継がれ「転住所」として存続したからである．

を効率的に伝えることが、収容された日系人にとって最重要課題の一つだと認識していたからである。所長も同意見で、二十三日に「情報部」を設立する一方、サンフランシスコのＷＣＣＡ本部に謄写版新聞の発行許可を求めている。かくして、他の集合所に先駆けて四月十一日に『マンザナー・フリー・プレス』が産声をあげた。その後、他の集合所でも続々と新聞が創刊されている。

なお、集合所当局は英語による新聞発行しか認めなかったが、この方針も同じく早い段階で決まっていた。『マンザナー・フリー・プレス』の創刊に際しＷＣＣＡとＷＲＡ（戦時転住局、War Relocation Authority）の首脳は、「このような活動が望ましいということは全員が同意している」とする一方で、新聞は「もちろん英語」で発行されることを相互に確

表3　集合所のキャンプ新聞

集　合　所	紙　　　　名	発行期間(1942年)
カリフォルニア州		
フレズノ (Fresno)	『フレズノ・グレープヴァイン』 (*Fresno Grapevine*) 創刊号のみ 『フレズノ・センター・ニューズ』 (*Fresno Center News*)	5月23日～10月17日
メアリーズヴィル (Marysville)	『メアリーズヴィル・アーボ=グラム』 (*Marysville Arbo-Gram*)	5月23日～6月13日
マーセッド (Merced)	『マーセディアン』 (*Mercedian*)	6月9日～8月29日
オーウェンズ・ヴァレー (Owens Valley)	『マンザナー・フリー・プレス』 (*Manzanar Free Press*)	4月11日～5月29日*
パインデール (Pinedale)	『パインデール・ロガー』 (*Pinedale Logger*)	5月23日～7月14日
ポモナ (Pomona)	『ポモナ・センター・ニューズ』 (*Pomona Center News*)	5月23日～8月15日
サクラメント (Sacramento)	『ワレーガ・ワスプ』 (*Walerga Wasp*)	5月9日～6月14日
	創刊号のみ『ワレーガ・プレス』 (*Walerga Press*)	
サリナス (Salinas)	『ヴィレッジ・クライアー』 (*Village Crier*)	5月11日～6月28日
サンタ・アニタ (Santa Anita)	『サンタ・アニタ・ペースメーカー』 (*Santa Anita Pacemaker*)	4月18日～10月7日
ストックトン (Stockton)	『エル・ウォーキン』 (*El Joaquin*)	5月30日～9月28日
タンフォラン (Tanforan)	『タンフォラン・トータライザー』 (*Tanforan Totalizer*)	5月15日～9月12日
テュレーリ (Tulare)	『テュレーリ・ニューズ』 (*Tulare News*)	5月6日～8月19日
ターロック (Turlock)	『TAC』 創刊号のみ『ターロック・フューム』 (*Turlock Fume*)	6月3日～7月17日

認している。ただし、オーウェンズ・ヴァレーがＷＲＡの管轄下に移りマンザナー「転住所」となってからは、日本語版の発行も認められている。一九四二年六月中旬のことであった。日本語によるニュース報道はＷＲＡが管理・運営した一〇ヵ所すべての転住所において許可されている。

後述するように、集合所では「検閲」、転住所では「監督」と異なる度合の報道統制が実施され、かつ場所・時期・当局の担当官などによっても紙面の傾向は変動したが、あえて一般化すれば、キャンプ新聞はもっぱら所内での出来事や日系人に直接的に関係する物ごとを伝えていた。当局が発表する各種の方針や規則、所内の学校・病院・自治組織・食堂・教会などに関する情報、事件・事故、出生・死去や入所・出所など住民の動静、娯楽や慰安を含む各種の催事、などである。他方、日本を含む国際的な動き、戦況の詳細、あるいは激しい議論を喚起する事象が報じられることは比較的に少なく、紙面内容は概して穏健・非論争的であった。

記者・編集者として当局に雇用された日系人の大多数は二世で、とくに創刊当初は比較的に年長で指導的な立場にあった者や、日本語新聞などで文筆経験をもつ者が主導的な役割をはたしていた。当時、アメリカ社会から認知されていた唯一の日系人団体であり、連邦政府と協力関係にあったＪＡＣＬ（日系市民協会、Japanese American Citizens League）の会員も、少なからず新聞発行に関与している。

集合所当局の意図

集合所当局が新聞発行に肯定的だったのは、アメリカの戦争大義である「民主主義の防衛」や憲法が定める「言論・報道の自由」を尊重するためではなく、集合所を管理・運営する上で多大な実益を期待できたからである。当局にとってキャンプ新聞は、利用すべき便利な「道具」の一つにすぎなかった。

なかでも正確で迅速な情報周知と人心の安定は、当局にとって新聞発行の最大の利点であり、かつ目的であった。『マンザナー・フリー・プレス』の創刊にかかわったジェイムズ・オダ（James Oda）は、「キャンプ内外の出来事を［日系人］収容者に伝えるために日刊紙が必要だった。……収容者の協力を得るためにも［当局の］政策を伝えなければならなかった。そして、彼らのすさんだ感情をなだめる必要もあった」と回顧している。

実際、当局はキャンプ新聞を実に有益な媒体と見ていた。ＷＣＣＡの上部組織であるＷＤＣ（西部防衛司令部・第四陸軍、Western Defense Command and Fourth Army）は、臨時施設である集合所をすべて閉鎖したのちの一九四三年にまとめた報告書で、「管理当局にとって、新聞は指令を知らせるために便利であることがわかった」と政策遂行上の有用性を高く評価している。

新聞の事前検閲

その意図から容易に推知できるように、早くから新聞発行を認める一方で、当局は当初から「検閲」を課す方針であった。WCCA政策立案部の報告書は、「集合所で新聞や刊行物を編集する際には、日系人が彼ら自身、あるいは外部の人間にメッセージを送ることがないよう［事前検閲が］講じられた」と率直にその事実を認めている。なお、後述するように、検閲は発行「前」だけでなく、発行「後」にも集合所内、さらにWCCA本部でおこなわれている。

事前検閲は各集合所で実施され、基本的な手順は、まず日本語の使用を禁じた上で、英語で書かせた原稿を複数の幹部が細かく吟味する、というものであった。あらためてWCCA政策立案部の報告書を要約すると、検閲は大まかに次の三つの原則にそっておこなわれた。

(一)　日本語による新聞発行は禁止する。

(二)　新聞を印刷・配布する前に、広報担当官が掲載される予定のすべての原稿に目を通し、許可を与える。

(三)　一度許可を受けた原稿も、印刷・配布する前に集合所長、あるいはその代理人が再度点検する。

当局が新聞の報道内容をこと細かに監視・制限していたことがわかる。

既述のとおり、集合所当局は「敵国語」である日本語の使用を徹底的に禁じているが、収容施設の「公用語」である英語ならば自由な読み書きを許したかというと、けっしてそうではない。結局のところ集合所当局は、使用する言語を問わず、日系人の言論・報道活動を全般的に統制していたのである。

恣意的な検閲とつのる不満

しかも、検閲の基準を多少なりとも具体的に定めた「プレス・コード」のような文書があるわけではなく、許可・不許可の判断は往々にして統一性・一貫性を欠いた。ふたたびWCCA政策立案部の報告書から引用すると、当局が阻止すべき「メッセージ」の定義はかなり曖昧で、「彼ら［日系人］自身、集合所当局、そして陸軍省の利益をそこなう……文字、もしくは漫画」としか書かれていない。キャンプ新聞の報道内容は、個々の検閲担当官が日系人や当局の「利益」をいかに解釈するかに左右されたわけである。

実際、恣意的な事前検閲を批判的に訴える史料や文献は実に多い。カリフォルニア州テュレーリ集合所のある二世は日記のなかで、「［当局の］事務職員たちが編集室にやってきては掲載すべき記事を指図する」ため、『テュレーリ・ニューズ』（*Tulare News*）の日系人編集長が「閉口させられている」と書いている。ワシントン州ピュアラップ集合所で『キャンプ・ハーモニー・ニューズ＝レター』（*Camp Harmony News-Letter*）の創刊にかかわったある日系人も、「かなり手の込んだ検閲をされ、新聞発行はけっして楽しい仕事ではなかった」と証言している。

当然、政府の政策や当局の意向に反する記事は書けなかったし、たとえ書いても掲載されるわけがなかった。島田法子も指摘しているように、「軍の検閲のゆえに、二世の編集部はアメリカ民主主義の逸脱である強制収容を、思うがままに批判することはできなかった」のである（島田前掲書『日系アメリカ人の太平洋戦争』四八ページ）。

事前検閲の実例―『マンザナー・フリー・プレス』

検閲の実例も枚挙にいとまがないが、所内で起きた狙撃事件をめぐる『マンザナー・フリー・プレス』の一件は典型を示してくれる。一九四二年五月中旬、カリフォルニア州オーウェンズ・ヴァレーにおいて、木材を集めようとして敷地の境界線に接近した若い二世の男性が、監視兵に狙撃され重傷を負うという事件が発生した。現地にいたサム・ホリ（Sam Hohri）は、撃たれた男性や治療にあたった医師らの証言にもとづいて事件の詳細を日記に記録し、外部の支援者にもその内容を伝えている。ホリによれば、当局の広報担当官は一命を取りとめた男性に接見したものの事件を公表せず、外部のマス・メディアに報道されることもなかった。当然、所内で発行される『マンザナー・フリー・プレス』にも沈黙を強いた。一九四二年六月にオーウェンズ・ヴァレーの管理・運営をWCCAから引き継いだWRAは、事件から一年以上後にまとめた内部文書で狙撃事件が意図的に隠蔽《いんぺい》された事実を次のように率直に認めている。「[記事は] 検閲により『フリー・プレス』から排除された」。

通常なら大きく報道してしかるべき出来事に触れることさえできない日系人は、内心で不満をつのらせていた。ホリは支援者にあてた書簡で、『マンザナー・フリー・プレス』の「フリー」の部分を引用符で囲み、「この名前は [当局の] 広報部長……が選んだものです」と皮肉まじりに書いている。狙撃事件を知っていた別の日系人は、『マンザナー・フリー・プレス』の編集者の言葉を引いて、「この新聞でフリーなのは購読料だけだ」と痛烈に批判している。

事前検閲の実例―『キャンプ・ハーモニー・ニューズ＝レター』

複数の検閲官が目を通し、一度は掲載が許されたはずの記事が、印刷・配達の直前になって不許可とされることもあった。ワシントン州ピュアラップ集合所の『キャンプ・ハーモニー・ニューズ＝レター』（一九四二年八月一日号）の事例がそれである（図14）。

一見して、印刷にかかる直前に検閲を受け、四本の記事・論説が判読不能にされていることがわかる。通常の事前検閲を経て謄写版の原紙が完成し、あとは印刷して配布するだけという最終段階においてもなお、場合によっては編集への介入が強行されていたのである。

かように異様な形跡を残してまで当局が掲載を阻止したのは、扱われている題材が「不適切」であるという判断を直前になって下したためと考えられる。その数日前の七月二十七日、WCCA本部は各集合所の広報担当者に対し、在米日本人の日本送還に関する情報を公表しないよう命じる指令を発していた。日米開戦後、日本政府とアメリカ政府はお互いの領土・支配地域に住む外交官など自国市民を交換する交渉をすすめていた。「送還に関しては、いかなる内容であれ、ニュースとして集合所内の出版物に載せたり、発表してはならない。国務省がそのような情報に懸念をもっており、陸軍が扱うべき領域ではないからだ」。この指令を知らずに日系人の記者たちが原稿を書き、失念していたのか検閲官も印刷する直前まで気づかず、急遽、当該箇所をぬりつぶしたと考えられる。

この検閲の理由について、ピュアラップ集合所当局はいっさい、公的に言及していない。当該の八月一日号はもちろん、その後に発行された『ニューズ＝レター』を見ても、きわめて異様な紙面になったことについての説明や弁明、あるいは読者からの質問などもまったく掲載されていない。

あからさまな検閲の爪痕を残した新聞が公然と配布され、その説明さえまったくないという事実は、集合所において日系人の「言論・報道の自由」がいかに軽視されていたかを物語る。

事後検閲

事前検閲ほどではないものの、集合所当局は「事後」にもキャンプ新聞に目を光らせ、場合によっては編集に口を挟んでいる。事後検閲の結果、事前検閲がいっそう徹底強化されることもあった。

新聞の事後検閲は、全集合所を統括するＷＣＣＡ（戦時民間人管理局）の本部があるサンフランシスコでおこなわれた。各集合所で発行された新聞の全号をサンフランシスコに送付させ、逐一、報道内容を監視していたのである。

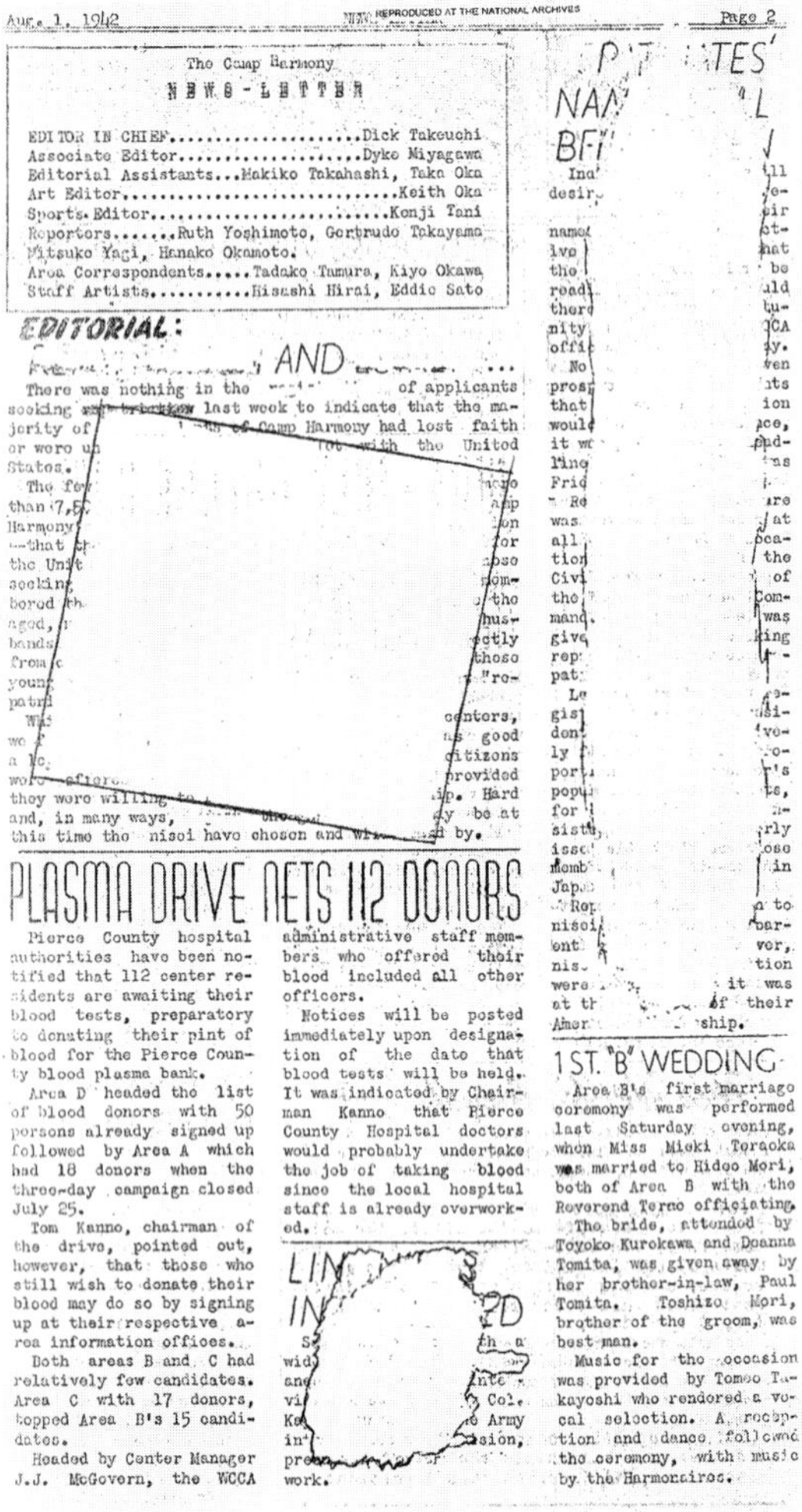

Aug. 1, 1942 NEWS REPRODUCED AT THE NATIONAL ARCHIVES Page 2

The Camp Harmony
NEWS-LETTER

EDITOR IN CHIEF....................Dick Takeuchi
Associate Editor...................Dyke Miyagawa
Editorial Assistants...Makiko Takahashi, Taka Oka
Art Editor..........................Keith Oka
Sports Editor.......................Kenji Tani
Reporters.......Ruth Yoshimoto, Gertrude Takayama
Mitsuko Yagi, Hanako Okamoto.
Area Correspondents.....Tadako Tamura, Kiyo Okawa
Staff Artists..........Hisashi Hirai, Eddie Sato

EDITORIAL:

... AND ...

There was nothing in the ... of applicants seeking ... last week to indicate that the majority of ... of Camp Harmony had lost faith or were u... ... with the United States.

The fe... than 7,5... Harmony ... --that ... the Unit... seekin... bored ... aged, ... bands ... from ... youn... patr... ...were ...app ...ion ...for ...ose ...om- ...the ...hus- ...ctly ...those ..."re- ... centers, ... as good citizens ... provided ...p. Hard ... y be at ... they were willing ... and, in many ways, ... this time the nisei have chosen and ... by.

PLASMA DRIVE NETS 112 DONORS

Pierce County hospital authorities have been notified that 112 center residents are awaiting their blood tests, preparatory to donating their pint of blood for the Pierce County blood plasma bank.

Area D headed the list of blood donors with 50 persons already signed up followed by Area A which had 18 donors when the three-day campaign closed July 25.

Tom Kanno, chairman of the drive, pointed out, however, that those who still wish to donate their blood may do so by signing up at their respective area information offices.

Both areas B and C had relatively few candidates. Area C with 17 donors, topped Area B's 15 candidates.

Headed by Center Manager J.J. McGovern, the WCCA administrative staff members who offered their blood included all other officers.

Notices will be posted immediately upon designation of the date that blood tests will be held. It was indicated by Chairman Kanno that Pierce County Hospital doctors would probably undertake the job of taking blood since the local hospital staff is already overworked.

LIN... IN...ED

S... ...th a wid... an... ...nte... vi... ...Col. Ke... ...Army in... ...sion, pr... work.

P... ...TES' NAM... ...L BE...

Ina... ...ll desir... ... named ... the ... ready ... there ... nity ... offi... No ... pros... that ... would ... it w... line ... Fri... Re... was ... all ... tion ... Civi... the ... mand. ... give ... rep... pat... Le... gis... don... ly ... por... popu... for ... sist... issu... memb... Jap... Rep... nisei ... ent ... nis... were ... it was at th... of their Amer... ...ship.

1ST "B" WEDDING

Area B's first marriage ceremony was performed last Saturday evening, when Miss Mieki Teraoka was married to Hideo Mori, both of Area B with the Reverend Terao officiating.

The bride, attended by Toyoko Kurokawa and Deanna Tomita, was given away by her brother-in-law, Paul Tomita. Toshizo Mori, brother of the groom, was best man.

Music for the occasion was provided by Tomeo Takayoshi who rendered a vocal selection. A reception and dance followed the ceremony, with music by the Harmonaires.

図14　検閲の生々しい爪痕が残る『キャンプ・ハーモニー・ニューズ＝レター』（1942年８月１日号）の紙面

August 1, 1942 NEWS - LETTER Page 3

CA[illegible]D NE[illegible]OR FR[illegible]AM

Ca[illegible]nded but [illegible]olor went [illegible]ific Nort[illegible]for the [illegible]peo- ple [illegible]Dr. Wal[illegible]ost arri[illegible]de- clare[illegible]

[illegible]was trans[illegible]the Mo[illegible]as- sembl[illegible]or- der[illegible]to the [illegible]rked and u[illegible]ital staff.

Ho[illegible]in erc[illegible]ot- tor,[illegible]but poin[illegible]here were[illegible]dis- advan[illegible]som- bly [illegible]ula- tion[illegible]sem- bly[illegible]500.

"[illegible]h in- tere[illegible]here, whil[illegible]mpha- size[illegible]com- ment[illegible]

A g[illegible]ford niver[illegible]ar- rived h[illegible]and is now res[illegible]at together [illegible]his wife and two children.

C.I.O. BODY RAPS STEWART BILL

MEASURE CALLED 'RIDICULOUS'

The Seattle Industrial Labor Union Council, representing thousands of CIO members in Seattle and King County, placed itself on record last week as "unalterably opposed" to Senate Bill 2293, better known as the Stewart bill.

In communications to Senators Bone and Wallgren of Washington and to the author of the measure, Senator Stewart of Tennessee, A. E. Harding, executive secretary of the council, denounced the bill as "utterly ridiculous" and "contrary to the very principles for which we are waging war."

The Stewart Bill, now awaiting U.S. Senate action, would empower the Secretary of War to place in custody for the duration of the war all Japanese in the United States, whether aliens or citizens and would in the words of Senator Ball of Minnesota, "put 100,000 American citizens in concentration camps without hearings or anything else."

RADIOS WILL BE REPAIRED FREE

If you're having trouble with your radio, you can have it fixed free of labor costs.

In charge of the new center-wide service are Paul Tsunehara, formerly of Seattle, and Chester Sakura from Eatonville.

Both are experienced radio repair men now working in the Area D Electric Shop.

Sakura explained this week that all a "customer" has to do is fill out a form describing his radio's ailments and send the form to the D Electric Shop. Forms will be available at all Area information offices.

"We'll fix the radio for nothing, and we'll pick it up and deliver it for nothing," he said.

He added, however, that non-profit charges will have to be made for all necessary parts.

MOVIES HALTED; NO PROJECTORS

(Cont'd. from pg. 1)

secure another projector so that the center will continue to have its movies.

Meanwhile, Hosokawa revealed that a silent projector may be procured as a temporary measure in order that the younger children may continue to enjoy the pictures as of before.

HOSPITAL COMES INTO OWN

CENTER DOCTORS OPERATE TWICE

Adequate surgical apparatus has been installed in Camp Harmony's hospital, and fewer cases calling for major operations are being sent out to outside hospitals, Teru Uno, head nurse, declared today.

Miss Uno pointed out that two successful appendectomies have been performed thus far by center doctors.

Suma Kato, 8-3-7 was operated on Tuesday, July 28, and is reported favorably recovering, while Busaku Yuji, D-4-127, operated on July 17, was released from the hospital Thursday.

'CHICO' ABE ENTRAINS FOR NEW YORK...

It's home to the sea for "Chico" Abe, the Honolulu sailor boy who was the hero of a NEWS-LETTER feature story two issues back.

Through the efforts of his union, "Chico" secured Army permission to leave the center for New York City--his home port since 1940. He left the Puyallup station on the Union Pacific at 4:58 p.m. today.

To the NEWS-LETTER staff members who saw him off, the sea-faring nisei lad confided he had given up trying to develop "land legs" after five weeks of laborious wanderings in the center.

"I guess I was born for the sea," he said, "and I'm plenty glad I'll be shipping out again."

"Chico" also revealed plans of applying for entrance to the United States Maritime Commission school for an engineer's license.

"But before I do anything else," he add[illegible] "I'm going to get [illegible] on the Great Lakes, [illegible] maybe on a tug or ferry boat in New York [illegible], to convince myself that I'm really back on water."

事後検閲が表面化することは多くなかったが、代表的な事例として、カリフォルニア州テュレーリ集合所の編集者らが「親日的」な思想を表明したかどで身元調査を受け、疑いが払拭《ふっしょく》されたにもかかわらず事前検閲がさらに強化されたことがある。身元調査も検閲の強化も、サンフランシスコでの事後検閲により引き起こされた。

事後検閲の実例──『テュレーリ・ニューズ』

発端は、一九四二年五月二十三日号の『テュレーリ・ニューズ』に掲載された、日光らしき線と山々、それらに「礼拝」（WORSHIP）という文字をあしらった挿絵である（図15）。サンフランシスコの検閲官は、この小さな絵は暗に日本軍の軍旗である「旭日旗」と「富士山」を意味する、つまり敵国日本に対するナショナリズムを鼓舞し、アメリカ政府に反逆的な思想を流布するプロパガンダである、という疑念をもった。

報告を受けたWCCAの指揮官、カール・R・ベンデッツェン局長は、この小さな絵には反政府的な意図が隠されていると確信し、掲載にいたる経緯を子細に調査させている。挿絵の掲載から四日後の五月二十七日にベンデッツェンが書いた内部文書は、「明らかに〈旭日旗の崇拝〉というスローガンを示すもの」であり、「所内治安警察に本件を調査させ、誰が挿絵を描いたかなど詳細をすべて確かめ、新聞にはどの程度の査読がなされているの

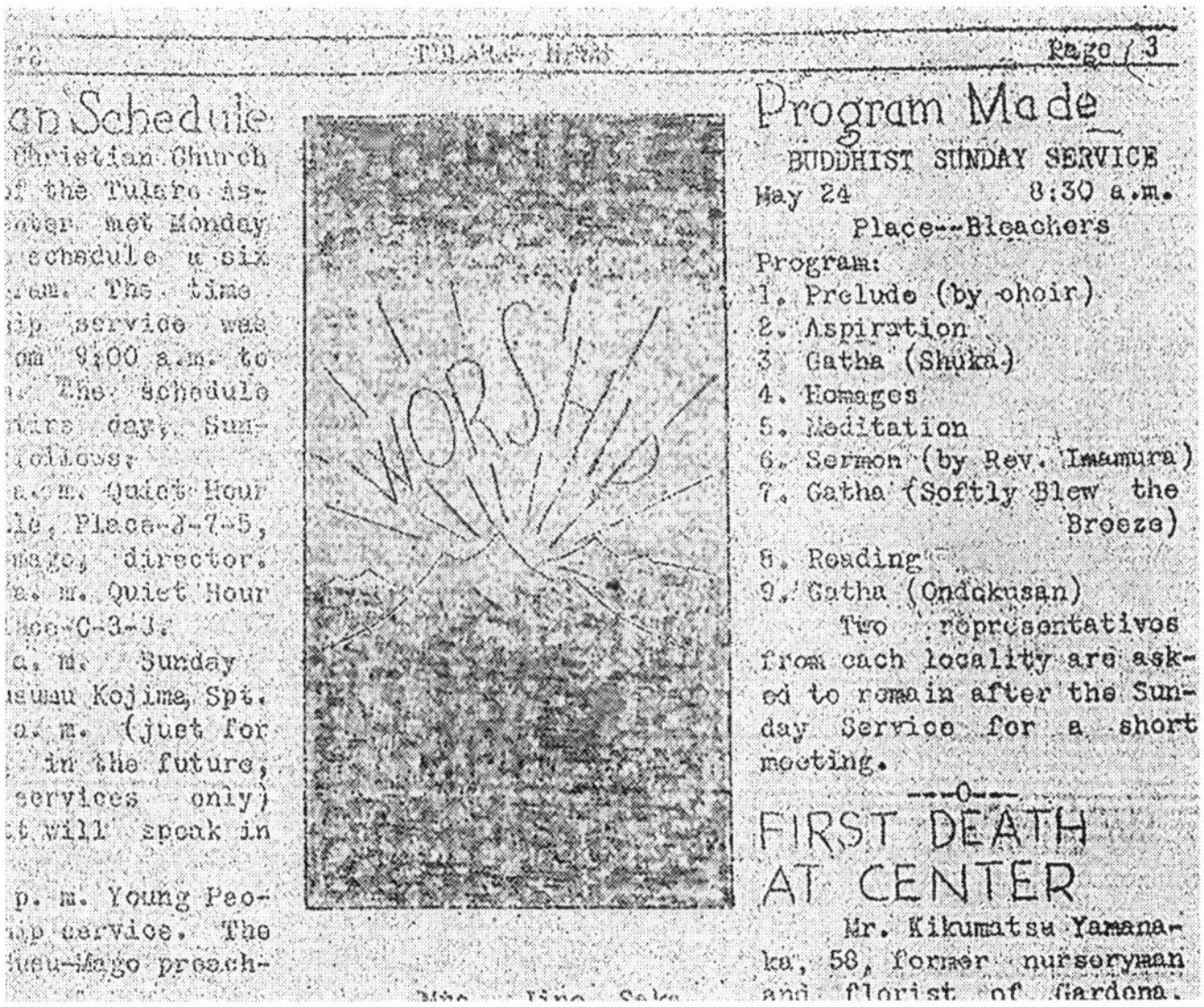

Page 3

an Schedule
Christian Church
of the Tulare as-
...nter met Monday
schedule a six
...ram. The time
...ip service was
...om 9:00 a.m. to
... The schedule
...ire day, Sun-
follows;
a.m. Quiet Hour
...le, Place-3-7-5,
...mago, director.
a. m. Quiet Hour
...ce-C-3-3.
a. m. Sunday
...sumu Kojima, Spt.
a. m. (just for
in the future,
services only)
...t will speak in
p. m. Young Peo-
...ip service. The
...su-Mago preach-

Program Made
BUDDHIST SUNDAY SERVICE
May 24　　8:30 a.m.
Place--Bleachers
Program:
1. Prelude (by choir)
2. Aspiration
3. Gatha (Shuka)
4. Homages
5. Meditation
6. Sermon (by Rev. Imamura)
7. Gatha (Softly Blew the Breeze)
8. Reading
9. Gatha (Ondokusan)
Two representatives from each locality are asked to remain after the Sunday Service for a short meeting.
--0--

FIRST DEATH AT CENTER
Mr. Kikumatsu Yamanaka, 58, former nurseryman and florist of Gardena,

図15　サンフランシスコにおける事後検閲で問題とされた『テュレーリ・ニューズ』(1942年５月23日号) の挿絵

かを報告」するよう命じている。ベンデッツェンはさらに、ＦＢＩ（連邦捜査局、Federal Bureau of Investigation）にも画家と編集者の身元調査を依頼している。

ベンデッツェンらの懸念に反し、真相は実にたわいのないものであった。調査の結果、山の背後から太陽が昇る絵は単に次の日曜日に予定されていた仏教会の集会を案内するもので、政治的な含意はまったくないことが判明したのである。テュレーリ集合所の治安警察に尋問された日系人の画家は、「キャンプから見える、雪におおわれたシエラ・ネヴァダ山脈を描いただけで、富士山に似せようとするつもりはなく、日の出で日本を示唆する意図もなかった。単に［仏教会でおこなわれる］礼拝を意味したにすぎない」と答えている。現地の様子を知らぬサンフランシスコの検閲官が深読みし過ぎ、早合点していたわけである。

ところが、真相の究明とは別に、ＷＣＣＡの結論は疑惑が浮上した時点ですでに決まっていた。日系人のなかには陰謀をたくらむ者が確実に存在し、その危険分子を押さえ込むために検閲体制を強化する必要がある、というのである。調査を命じた時点でベンデッツェン局長は、「集合所新聞を細かく、より厳格に監督する必要があることは明白である」と断言している。既述のとおり、強制立ち退き・収容を主導した陸軍の幹部は日系人を激しく敵視し、「潜在的に危険な敵性外国人」とみなしていた。長年にわたる偏見・差別に根ざした疑心暗鬼ゆえに、日系人の一挙手一投足が彼らの「敵性」を証拠づけるものと理解されていたのである。

このため、挿絵の一件をきっかけとして、キャンプ新聞はよりきびしい事前検閲を受けるようになった。一九四二年七月一日付で全集合所長に送られたＷＣＣＡの機密指令は、「集合所の新聞を使ってひそかに反逆的な考えを流布しようという不穏な兆候が見られる」と実際の調査結果に反する報告をした上で、次のように命じている。

西海岸でトラブルが予期される時節柄、あらゆる予防策が講じられなければならない。したがって、各集合所の広報担当者は、新聞に掲載される予定のすべての原稿をきわめて慎重に精査し、謄写印刷される［集合所長が最終確認する］前に紙面にＯＫをだすこと。

謄写版の原紙を作成したあとも、集合所長室の代表者数名が細心の注意を払って原紙と元の原稿を見比べ、印刷する前に削除や追加がないことを確認するように。［さらに］最初に刷りあがった謄写版紙面は、ふたたび元の記事の原稿と照合して、変更がないことを確認せよ。

複数回にわたる事前検閲はそれ以前から実施されていたが、この指令後はよりいっそう細かく、厳格に統制されるようになった。

付言すると、問題の端緒となった『テュレーリ・ニューズ』の編集部は、とくに大きな余波を受けたようである。当時、テュレーリ集合所でカリフォルニア州立大学の共同研究に協力していたある日系人は、当局から目をつけられたことで、この一件以降『テュレーリ・ニューズ』の「編集室には誰も寄りつかなくなった」と書いている。

転住所の管理当局

文民組織のWRA（戦時転住局）

軍が支配する仮設の「集合所」を経て日系人が収容された「転住所」は、完全な文民組織であるWRA（戦時転住局、War Relocation Authority）により管理・運営された。WRAは一九四二年三月十八日に大統領行政命令九一〇二号により設立された連邦機関で、立ち退かされた日系人を収容し、最終的に彼らをアメリカ社会に復帰させる任を負った。初代の局長には農務省の官僚であるミルトン・S・アイゼンハワー（Milton S. Eisenhower）が任命された。陸軍の最高幹部の一人で、のちに第三十四代大統領となるドワイト・D・アイゼンハワー（Dwight D. Eisenhower）の弟である。しかし、アイゼンハワーはわずか三ヵ月で辞任してしまう。その後、一九四六年六月に閉局するまでWRA局長を務めつづけたのが、後任のディロン・S・マイヤー（Dillon S. Myer）である。

集合所を統括したWCCA（戦時民間人管理局、Wartime Civil Control Administration）が陸軍の下部組織であったのに対し、WRAが比較的にリベラルな考えをもつ文官により構成された点は重要である。前述したサンフランシスコの日本語新聞『日米』の続刊問題を例にとれば、WRAは「敵国語」新聞の利用価値を高く評価し、かつアメリカ合衆国憲法修正第一条（First Amendment）が明確に規定している「言論・報道の自由」を保持するためにも、日系人ジャーナリズムの代表格である『日米』を存続させるべきだと考えていた。

「自由」に配慮

特筆すべきは、WRAが日系人の「言論・報道の自由」に一定の配慮をしていた点である。アメリカ政府は「民主主義の防衛」を大義名分として参戦したのであるから、たとえ戦時中でも、かつ「敵国」を出自とする日系人に対してさえも、アメリカの民主主義の根幹をなし憲法も保障している「言論・報道の自由」を最大限に認めなければならない、と考えていたのである。ディロン・S・マイヤーWRA局長は、「権利章典［市民的自由を保障する合衆国憲法］以外に、政策を策定する上で前例となるものはなかったし、ガイドラインとなるものもなかった」と回顧している。

実際、比較的に「自由」を重視するＷＲＡのリベラルな考え方は、大きな観点から見れば、連邦政府が公言していた戦争観をほぼそのまま代弁していた。何となれば、当時ことあるごとに強調・反復されていた戦時標語「四つの自由」（Four Freedoms）の筆頭は、ほかならぬ「言論・表現の自由」（freedom of speech and expression）であった。アメリカにとって日本を含む枢軸国との戦いは、自国の民主主義の中核である市民的自由を守るための「よい戦争」のはずであった。

さらにいえば、「自由」のための「よい戦争」という認識は、大多数のアメリカ市民にも受け入れられていた。日本軍がハワイの真珠湾を爆撃してから約一年半後の一九四三年四月に実施された全国世論調査では、「アメリカは主に何のために戦っていると思いますか」という問いに対して、四人に三人強（七六％）が何らかの形で「自由」と答えている。「自由」という言葉を使わなかった人々にしても、その多くは「人道的理由」（八％）、「全体主義の打倒」（七％）など、「自由」と表裏一体の回答をしている。世界の民主主義陣営の要《かなめ》としてある種の「自由」を守ることこそが、アメリカの参戦の本質的な目的である。社会全体でそう理解されていたことがわかる。

「自由」という戦争大義を強く意識するWRAは、限りなく外部社会に近い「モデル・コミュニティ」を塀のなかに建設すること、換言すれば、「民主的な収容」を理想として掲げていた。島田法子が指摘しているように、転住所では「日系人をアメリカ化してアメリカ民主主義を教育する」ことが目標とされていたのである（島田前掲書『日系アメリカ人の太平洋戦争』五九ページ）。

「モデル・コミュニティ」構想とその矛盾

その延長線上で、本書の主題であるキャンプ新聞の発行をはじめ、学校教育、就労、日系人による自治政治など、日系人の「自由」「権利」を意識した政策が推進された。外部社会に対する広報用にWRAが作成した文書は、新聞の存在は転住所内で「言論・報道の自由」が確保されている事実を証明するものであると、次のように強調している。「「日系人」立ち退き者は、外部で得られるのとほぼ同じ自由をセンター内で与えられている。彼らは英語、あるいは日本語を話し、彼ら自身の新聞をもつ……こともできる」。

「モデル・コミュニティ」の実現は、諸外国、とくに日本のプロパガンダをかわすためにも必要だと考えられた。立ち退き・収容政策はアメリカ国内でこそ大多数に支持されていたが、交戦国である日本などからはくり返し批判され、アメリカ人捕虜などに対する

「報復」まで示唆されていた。政府当局は、転住所における日系人の待遇を口実に、敵国政府が自国民を不当に扱うことのないよう注意を払わなければならなかった。この点について、WRAの情報部は機密文書で次のように指摘している。「［日系人］立ち退き者が過酷な処遇を受けている、不必要にきびしい制約を課せられている、あるいは、不適切な環境で生活することを強いられている。このように誤解して受けとめられるような発言は厳禁である」。そのためにも、日系人の「自由」を保障する「民主的な収容」を実現することは必要不可欠であった。

しかし、この「モデル・コミュニティ」構想には必然的に矛盾がつきまとった。転住所内で「民主主義」を実践するといっても、強制立ち退き・収容自体がそもそも「非民主的」な政策だったからである。もっとも、同政策はWRAが発案したわけではないし、むしろWRAの幹部はその正当性・必要性に懐疑的でさえあった。その意味では、WRAの方針は当時の状況で達成可能な「理想」をできる限り追求しようとした結果だともいえる。とはいえ全体像を客観的に直視すれば、日系人を無理矢理に立ち退かせ、鉄条網で包囲しておきながら、その内部で外部社会とまったく同一の「自由」で「民主的」な共同体を建設できるわけがなかった。島田の表現を借りれば、「WRAが掲げたモデル・コミュニティという目標と管理の実体とのギャップ」が生じるのは避けようがなかった（島田前掲書『日系アメリカ人の太平洋戦争』五九ページ）。

以下、順を追って論じていくように、キャンプ新聞に対するWRAの政策にも、「モデル・コミュニティ」構想について回る矛盾を随所に見いだすことができる。「民主主義の防衛」「四つの自由」を掲げて参戦した連邦政府は、日系人の「言論・報道の自由」をできるだけ尊重しようとした。しかし、かといって「自由」を無条件で認めることもできなかった。「有刺鉄線で包囲した転住所」と「自由で健全なジャーナリズム」はいわば水と油の関係にあり、本質的に両立しえるものではなかったのである。

転住所における報道統制

キャンプ（転住所）新聞の発行

集合所を統括したWCCA（戦時民間人管理局、Wartime Civil Control Administration）と同様、WRA（戦時転住局、War Relocation Authority）も早い段階から転住所で「キャンプ新聞」を発行させる方針を固めていた。初代WRA局長のミルトン・S・アイゼンハワーは一九四二年三月の就任時に日系人に関する事前知識をほとんどもっておらず、基本政策の立案にあたり全国的に活動していた唯一の日系人団体であるJACL（日系市民協会、Japanese American Citizens League）に助言を求めている。これを受けJACL事務局長のマイク・マサオカ（Mike Masaoka）は一九四二年四月初旬に包括的な政策提言をしているが、そのなかで早くも「何が起きてい

表4　転住所のキャンプ新聞

転　住　所	紙　　　名	発行期間
アリゾナ州		
ヒラ・リヴァー (Gila River)	『ヒラ・ニューズ＝クーリア』 (*Gila News-Courier*)	1942年9月12日 ～1945年9月5日
ポストン (Poston)	『ポストン・クロニクル』 (*Poston Chronicle*)	1942年12月22日 ～1945年10月23日
	創刊号のみ『ポストン・デイリー・クロニクル』(*Poston Daily Chronicle*)	
アーカンソー州		
ジェローム (Jerome)	『デンソン・トリビューン』 (*Denson Tribune*)	1943年3月2日 ～1944年6月6日
ローワー (Rohwer)	『ローワー・アウトポスト』 (*Rohwer Outpost*)	1942年10月24日 ～1945年7月21日
カリフォルニア州		
マンザナー (Manzanar)	『マンザナー・フリー・プレス』 (*Manzanar Free Press*)	1942年4月11日 ～1945年10月19日
テューリ・レーク (Tule Lake)	『テューリアン・ディスパッチ』 (*Tulean Dispatch*)	1942年6月15日 ～1943年10月30日
	『ニューウェル・スター』* (*Newell Star*)	1944年3月9日 ～1946年3月1日
コロラド州		
グラナダ (Granada)	『グラナダ・パイオニア』 (*Granada Pioneer*)	1942年10月28日 ～1945年9月15日
アイダホ州		
ミニドカ (Minidoka)	『ミニドカ・イリゲーター』 (*Minidoka Irrigator*)	1942年9月10日 ～1945年7月28日
ユタ州		
トパーズ (Topaz)	『トパーズ・タイムズ』 (*Topaz Times*)	1942年9月17日 ～1945年8月31日
ワイオミング州		
ハート・マウンテン (Heart Mountain)	『ハート・マウンテン・センティネル』 (*Heart Mountain Sentinel*)	1942年10月24日 ～1945年7月28日

（注）＊＝テューリ・レークが「転住所」から「隔離所」に改組されるのにともない創刊.

るかをすべての人々が理解できるように、転住所ごとに新聞……を置くべきである」と進言している。アイゼンハワーはこの助言を受け入れ、約三週間後の四月二十七日付内部文書ではすでに、各所では謄写版の新聞を発行し、「日本語」による記事掲載も許可すると明言している。この文書で局長は「新聞問題は解決している」とも記しており、新聞発行が優先順位のかなり高い政策であったことがわかる。

アイゼンハワーの言葉どおり、実際に一〇ヵ所すべての転住所で新聞が発行されている（表4）。場所によってはWRAが正式な政策文書を完成させる（一九四二年十月）前に創刊されており、当局がいかに新聞発行を重視していたかがわかる。部数は場所や時期により変動したが、ほとんどは二～六〇〇〇部の間で推移した。また、全所で日本語版がつくられてもいる。

集合所当局もキャンプ新聞を発行すること自体には肯定的であったが、日本語による報道を全面的に禁止していたことなどを思い起こせば、「言論・報道の自由」に自覚的で「モデル・コミュニティ」構想をいだくWRAのほうがはるかに積極的であったといえる。

転住所当局の意図

もっとも、かくも迅速に当局が新聞発行を決定した背景には、原理原則に加えてより現実的な理由もあった。転住所の建設が日系人の受け入れに追いつかなかったこともあり、混乱を最小限に食いとめるために情報提供を徹底する必要に迫られていたのである。関連して、不正確な噂などを打ち消し、日系人の不安を取り除くというねらいもあった。あらためて後述するが、WRAはこうした新聞発行の目的を正式な政策文書で規定している。いずれにせよ、みずからの政策遂行や秩序維持のためにキャンプ新聞を利用した点は集合所のWCCAと共通している。

実際、WRAの意図はそれなりに達成されていたと考えられる。キャンプ新聞の創刊を提言したJACLはその数ヵ月後、「不毛な妄想と感情の高揚のただなかで、人心を平静に保つ唯一の手段となっている」とその存在価値を認めている。ワイオミング州ハート・マウンテン転住所の情報担当官も、「とくに最初期の忙殺的な段階で［新聞は］コミュニティの声としてもっとも重要」な役割をはたしたと評価している。戦後に発表された学術論文でも、キャンプ新聞は「転住所生活を垣間見る重要な窓」と位置づけられている。

したがって、生活に最低限必要な施設が整う以前から新聞、あるいは新聞に準じた情報媒体がつくりだされていたことも、まったく不自然ではない。たとえば、ユタ州トパーズ転住所では、一九四二年九月十一日に第一陣の日系人が到着するや、ただちに『トパーズ・タイムズ』（*Topaz Times*）の発行が計画され、九月十七日に第二陣が入所した際には早くも創刊号にあたる準備号が印刷・配布されている。当局の報告書によれば、この時点ですでに「新聞従業員が雇用され、働いていた」。一方、九月末になっても「所内の景色は建設・穴掘り・粉塵」という状態であった。

他の転住所でも、似たような状況で新聞がうみだされている。アイダホ州ミニドカ転住所の情報部がまとめた最終報告書によれば、「最初の数週間は忙殺的な時期であった。建設業者はバラックなどの工事をまだ終えていなかった。……到着したばかりの人々が少なくとも施設、各種サービス、ＷＲＡの政策に関する事実を知ることができるよう、慎重に計画された情報政策は当初から欠かせなかった」。こうした事情から当局は、「非常にすばやく」謄写版の『インフォメーション・ブリテン』（*Information Bulletin*）を配布することを決定し、開所した当日の八月十日から合計一八号を発行している。そして九月十日からは日系人たち自身が執筆・編集する新聞、『ミニドカ・イリゲーター』（*Minidoka Irrigator*）がはじめられた。

「ブリテン」より「新聞」

前項で論じた『ミニドカ・イリゲーター』がそうであったように、多くの転住所では当初、ＷＲＡが公式媒体の「ブリテン」（公報）を発行していたが、日系人自身の手による「新聞」のほうがより効果的、かつ効率的であるとの判断から、順次後者に切り替えられている。この事実からも、キャンプ新聞を利用したい当局の思惑を見てとることができる。もちろん、「モデル・コミュニティ」構想や「言論・報道の自由」の観点からも、「政府職員がつくるブリテン」よりも「日系人がつくる新聞」という体裁をとったほうが、当局にとっては格段に都合がよかった。

アリゾナ州ポストン転住所も、「ブリテン」から「新聞」に切り替えた事例の一つである。ポストン当局は、開所から五日後の一九四二年五月十三日より『オフィシャル・インフォーメーション・ブリテン』（*Official Information Bulletin*）などを発行していた。しかし、情報担当官は「全面的に政府に支援されるブリテンよりも、日系人自身の新聞をもうけたほうが、コミュニティはより多くの利益を得ることができる」と考え、収容者による「新聞」に移行することにした。こうして、年が明ける直前の十二月二十二日に『ポストン・クロニクル』（*Poston Chronicle*、創刊号のみ *Poston Daily Chronicle*）の第一号が発刊された。この判断についてポストン当局の最終報告書は、「プレス・ブリテンはもっぱら当局を代弁するもので、収容者のためのニュース媒体が強く求められた」と評価している。

正式な新聞政策の策定開始と「検閲」の回避

一部の転住所ではすでに新聞が発刊されるなか、WRAは遅くとも一九四二年五月までに正式な新聞発行・管理政策の立案に着手し、夏までにその基礎を固めている。そこで核となった原則は、陸軍に属するWCCAが集合所で実施した「検閲」ではなく、より穏健な「監督」という方法で新聞を統制する、というものであった。

まず、記事を事前に提出させ強制的に修正・削除するという意味での「検閲」をおこなわないという大原則は、最初の政策原案である五月二十九日付の「暫定的政策見解」（Tentative Policy Statement）に早くも明記されている。そのなかでWRAは、外部から送られてくる郵便物を含め、「転住所内で配布・回覧される……いかなる出版物に対しても検閲をおこなわない」と明言している。既述のとおり、集合所当局による検閲は、キャンプ新聞だけでなく日系人が送受信する私的な郵便物にも及んでいた。WRAは明らかに、WCCAが採用した厳格な言論・報道統制を意図的に避けようとしていた。

「検閲」を避けるという右の原則は、名目上は「暫定的」な方針であったが、実質的にはほぼ確定した政策の柱であった。たとえば、カリフォルニア州テューリ・レーク転住所当局は、正式な政策がまだ決定していない段階の六月二十二日付の内部文書において、

「新聞の検閲はおこなわない」と断じている。この時点で、同所ではすでに『テューリアン・ディスパッチ』（*Tulean Dispatch*）が創刊されていた。

この背景に横たわっていたのは、WCCAが実施した強権的な「検閲」に対する嫌悪感である。比較的にリベラルな考えをもつWRAの文官たちにとっては、有無をいわさぬ軍隊式の報道統制はとても受け入れられるものではなかった。象徴的な例として、WRAの法務部長はマイヤー局長にあてた七月二十八日付の文書で、集合所当局を次のようにきびしく批判している。「立ち退き・収容の軍事的必要性を支える事実が、〔日系人〕収容者、とくにアメリカ市民である収容者の憲法的権利をこれほどまでに侵害するに十分であるか、相当に疑わしいのであります」。引用文中にある「アメリカ市民である収容者」とは、日系人の約三分の二を占める第二世代の日系人（二世）をさしている。第一世代の日本人移民（一世）とは異なり、彼ら二世はアメリカでうまれ育ち、したがってアメリカ市民権をもつ、れっきとしたアメリカ人であった。

こうして、集合所とは異なり、転住所の日系人は「検閲」を受けずに新聞を編集・発行することができたのである。

「監督」という条件つきの「言論・報道の自由」

しかし、連邦政府はそもそも日系人を「潜在的に危険な敵性外国人」とみなして有刺鉄線で包囲したのであり、その内部で「言論・報道の自由」を無条件で許容できるわけがなかった。WRAが思い描いた「モデル・コミュニティ」は、結局のところ政府の戦時政策により人為的につくられた強制収容施設であり、一般社会には存在しない特異な制約を多く内包せざるをえなかった。

キャンプ新聞はその典型例で、「検閲」をしないといいながらも、転住所当局は報道内容に一定の統制をかけている。新聞に何らかの干渉をしている点では、集合所も転住所も本質的には同じであり、両者の間には「程度の差」があるにすぎなかったといえる。

WRAが考えだした方策は、「検閲」を控える代わりに「監督」をおこなう、というものであった。この条件つきの「言論・報道の自由」観の原型は、WRA情報部長が一九四二年六月十五日付でまとめた職務規定に見てとることができる。それによれば、「転住所新聞は収容者ら自身によって維持・運営される予定であるが、情報部長は創刊とその後の運営を手助けし、ニュースや論説の方針に対しつねに一般的な監督をおこなう（傍点は引用者）」とされた。

「監督」に服すことを条件に「言論・報道の自由」を認めるWRAの姿勢は、その二日後の六月十七日にまとめられたより詳細な政策草案にも明記されている。当局の「監督」権限を含むキャンプ新聞の基本的性格を、草案は次の四点に集約して示している。

（一）WRAは「常時、情報部長を通して転住所新聞のニュースや論説の方針に対して直接的に監督的管理をおこなう」。

（二）新聞の主たる目的は、転住所での出来事や各種政策を的確に人々に知らせ、かつ「WRAが収容者の世論を導き、また高い士気を維持するのに望ましい反応や態度を誘発させることのできる」媒体となることである。

（三）記者・編集者は全員が日系人収容者のなかから選ばれ、WRAから給与（月に一二〜一六ドル）を受ける。

（四）広告収入や購読料はほとんど期待できないため、経営形態は通常の新聞社と大きく異なる。

これら四点に加えて政策草案は、経費・設備・人手などの制約から当初は謄写版で印刷することとし、できれば無料で配布すべきこと、しかし、消費者協同組合を組織して運営をまかせれば、多少の広告料と購読料で自給自足できる可能性もあるとつけ加えている。

ある程度の「自由」を認めながら「監督」権を行使するという大枠は、WRA記録・調査本部の七月二十一日付内部文書でより確定的になった。情報担当官の職務権限を定めた同文書は、前述の「暫定的政策見解」を補足して、「もし新聞従業員として働く収容者がWRAの資金から給与を支払われるのなら、「一般紙の」編集者が通常与えられているように、情報担当官は掲載される記事の種類を選別する権限をもつべきである」と当局の「監督」権を正当化している。文書はまた、「どの転住所でも、トラブルを起こす機会をうかがう反逆的分子はほぼ確実に存在する。収容者がもつ正当な苦情や批判は、確かに報道されるべきではある。しかし、情報担当官は転住所長と協議して……印刷される前に記事内容を慎重に吟味する権限を与えられるべきである」と強調している。

「監督」という条件つきの「言論・報道の自由」観をおそらくもっとも象徴的にいいあらわしているのは、右の文書を執筆したWRA情報本部長による次の言葉である。

新聞の報道内容には少しも規制を課すべきでないと主張する者もいる。しかし私自身は、そのような方針は現時点ではとても推奨できないと確信している。……

アメリカは日本と戦争をしている。このことをわれわれはつねに肝に銘じておかなければならない。そして、日系人の立ち退きはまさに戦時政策なのである。日系人収容者の間で騒動や衝突が起こらぬよう、WRAの政策として合理的なあらゆる予防策を講じるべきなのである。

キャンプ新聞はほかでもない「転住所」という特殊な場所で発行される媒体である。その目的はあくまで、効率的な情報伝達、噂や流言の防止、所内の士気・規律の維持にある。したがって、WRAに不利益をもたらさぬよう紙面内容を「監督」するのは当然の権利であり、かつ責務だと考えられたわけである。

新聞政策「行政指針第八号」の成立

数ヵ月間にわたる策定作業を経て、一九四二年十月十日、WRAはついにキャンプ新聞に関する公式の政策文書を完成させた。「行政指針第八号」(Administrative Instruction No. 8) である。

この政策文書により、キャンプ新聞の目的、「自由」の範囲、当局の「監督」権限、などが正式に明文化された。指針は全体として「転住所新聞」「その他の出版物」「広報」の三部で構成され、最初の新聞の部はさらに二つの部分――基本的性格に関する前半のA群、将来にむけた組織・運営形態や転住所長の権限に関する後半のB群――にわかれていた。

キャンプ新聞の目的

まず、新聞発刊の目的について「行政指針第八号」は、次の二つの点でWRAの職務を支援することだと規定している。第一は、「収容者にかかわる行政的な決定事項や転住所内の出来事全般について十分な情報提供をすること」である。そして第二は、転住所に閉じ込められた日系人の「士気の維持」に貢献することである。

キャンプ新聞は第一義的に、当局の諸政策を円滑化させるための補助的な媒体として位置づけられたわけである。この点は集合所の新聞と共通している。

「自由」の範囲

つづいて指針は、前半のA群で新聞の基本的性格として次の五点を列挙することで、WRAが考える条件つきの「言論・報道の自由」観を説明している。なお、これらの諸点は前述した六月十七日付の政策草案をより発展させたものである。

（一）記者・編集者には「収容者のなかから必要な能力を有する者」が選ばれ、WRAの被雇用者として給与を受ける。

（二）WRAの「情報担当官は、転住所長の指導の下、新聞に対して一般的な監督をおこなうが、できる限り日系人従業員に裁量権を委ねる」。

（三）「名誉毀損、人身攻撃、その他、公共の福祉に反する言論を除き、最大限の表現の自由」が保障される。
（四）「もっとも経済的な方法により発行される」。
（五）広告は受けつけない。

あらためて右の五点をまとめて要約すると、キャンプ新聞はWRAが任命し雇用する日系人により発行され、当局が規定する「公共の福祉」に反しない限りで、「監督」を受けながら「最大限の表現の自由」を享受する、というわけである。「自由」には一定の枠があり、経済的にも報道内容の面でも新聞はWRAに従属する存在であった。

消費者協同組合への権限移行

なお、後半のB群では将来キャンプ新聞がすすむべき方向として、できるだけ迅速に運営責任を消費者協同組合に移行させることが望ましい、という方針が示されている。組合は日系人により組織され、経営方針、発行形態、配布方法、従業員の選別、編集や論説の方針など、新聞の事業全般にわたる決定権をWRAに代わって行使できることになっていた。

これが実現すれば、キャンプ新聞の「自由」度は格段に高まるはずであった。たとえば、購読の有料化や広告掲載により利潤をあげ、それを記者・編集者の給与や紙面の改善・拡充にあてることもできた。さらに編集面でも、「転住所の住民の要望と利益を満たすニュース報道について決定する」ことが許された。実際、マンザナー、ミニドカ、ハート・マウンテン転住所の三紙は協同組合によって運営されている。

維持される当局の「監督」権

しかしより重要なのは、政策上また実際上も、協同組合による発行はWRAが「監督」権を手放し、キャンプ新聞が完全に独立することを意味しなかった、ということである。

第一に、組合それ自体に対して、WRAは依然として報道内容上の「監督」権を保持していた。「行政指針第八号」は、「報道の正確性と整合性について責任を負」い、「住民の要望と利益を満たすニュース報道」をおこない、また「転住所長の要請に従って事実的な情報を掲載する」ことを組合に義務づけている。つまり、当局は組合を通して新聞を「監督」できたわけである。

そして第二に、組合に運営権が移ってもキャンプ新聞を独力で自立させることは事実上不可能で、結局、経済的・物理的にWRAに依存せざるをえなかった。まず、WRAは引きつづき日系人従業員に給与・衣服等を支給した。さらに、編集室の提供、その維持、印刷機・インク・用紙など資材の調達、タイプライターや備品、その他の新聞製作にかかる基本的な諸経費も、当局がほぼ全面的に負担した。これらすべてを組合の収入だけでまかなうことはできなかった。「結局、鉄条網の内側では、WRAが生存のための必需品の供給を全て支配していた」と島田法子は指摘しているが、同じことはキャンプ新聞についてもいえた（島田前掲書『日系アメリカ人の太平洋戦争』八二ページ）。

一つの好例として、ワイオミング州ハート・マウンテン転住所の『ハート・マウンテン・センティネル』（*Heart Mountain Sentinel*）をあげておく。同紙は最高時の部数が六〇〇〇部を超える最大規模のキャンプ新聞で、消費者協同組合に運営された三紙の一つであった。しかし、WRA情報担当官の最終報告書によれば、購読料と広告費だけでは「従業員の給与、地代、光熱費、その他の諸経費をまかなうにはまったく十分でなかった」。にもかかわらず、「新聞が転住所全体にもたらす価値」を考慮して、所長は経済的な支援をつづけ発行を継続させたのである。

このように、いかなる運営形態をとろうとも、報道内容の面でも、また経済的な面でも、現実としてキャンプ新聞は当局に依存・従属せざるをえなかった。組合を組織しても、日系人が塀のなかに閉じ込められている事実それ自体に変わりはなく、したがって条件つきの「言論・報道の自由」に本質的な影響を及ぼすこともなかった。収容政策そのものが終わらぬ限り、日系人の存在自体がＷＲＡの手中にありつづけた。あらためて、強制立ち退き・収容と文字どおりの「自由で健全なジャーナリズム」が相いれないものであったことがわかる。

所長の「発行停止」権限

最後にもう一点、ＷＲＡの「監督」権に関して特記すべきは、「行政指針第八号」が各転住所の所長に新聞発行を停止させる権限を与えていた事実である。「新聞発行にともなう責任のひどい不履行（flagrant disregard）が認められる場合には、転住所長は新聞の発行・配布を停止させることができる」というのである。しかも、指針は「新聞発行にともなう責任のひどい不履行」の定義を具体的に示していない。

つまり、これまで論じてきた他の条項とあわせて理解すれば、「名誉毀損、人身攻撃、その他、公共の福祉に反する言論」、「正確性と整合性」を欠く報道、「住民の要望と利益」に合致しない報道、あるいは所長の「要請に従って事実的な情報を掲載」しなかったと判断されるような場合には、当局は罰として新聞を強制的に廃止することができたわけである。むろん、その最終判断を下すことができるのは転住所長ただ一人であり、日系人が組織する協同組合ではなかった。

これは、新聞を発行する最高権限（もちろん、「監督」権も含む）を所長その人に与えるものであった。日米開戦以来の政府と日系人ジャーナリズムの「不均衡」な関係は、収容施設内でも本質的にはほとんど変わらずに継続していたのである。

「監督」の実例―「穏健」な方法が一般的

転住所長が実際にキャンプ新聞を廃刊させた事例は本書執筆時点では確認できていないが、WRAの職員が編集・報道に対し「監督」をすることは日常的にあった。各種の一次史料や文献を総合すると、「監督」にはいくつかの類型があったことがわかるが、ほとんどの場合さほど高圧的でなく、むしろ「穏健」な方法が一般的であった。

もっとも典型的な方法の一つは、WRAの係官が日系人記者・編集者と「話しあい」をもち、当局の要望などを「助言」「提案」などの形で伝える、というものである。その役目をはたしたのは、多くの場合、新聞発行の直接的な責任者である情報担当官であった。「行政指針第八号」にも記されているように、報道統制の具体的な方法や度合を実質的に決定づけたのは、転住所長よりも現場の責任者である情報担当官であった。もちろん、情報担当官は所長から権限を委譲されて新聞を「監督」していた。

一例として、アリゾナ州ポストン転住所では情報担当官が頻繁に『ポストン・クロニクル』の編集部と連絡をとりあい、編集方針などについて意見をしている。内部文書には、この担当官が「偏見〔のある報道〕は許されない」などと訓示していたこと、また日常的に「原稿を読み、掲載された記事についてコメント」していたことが記録されている。

コロラド州グラナダ転住所でも、「訓練」という名目で同様の会合が頻繁に開かれ、情報担当官が折に触れて考えを伝えていた。グラナダの担当官は次のように報告している。「新しい従業員のための訓練が〔年間を通して〕実施された。同じ目的で毎週、従業員会議が開かれ、ジャーナリズムに関する指針が与えられた」。情報担当官に加えて、場合によっては転住所長や首都ワシントンDCのWRA本部から来訪した幹部が編集部と話しあいをもつこともあった。

記事の「正確性」などを「確認」「点検」するという方法で「監督」がおこなわれることもあった。当時、公式に活動していたほぼ唯一の日系人団体、JACL（日系市民協会）が一九四二年十一月に開催した全国会議では、カリフォルニア州マンザナーの代表者が次のような報告をしている。「きびしい検閲はないが、掲載される記事はすべて情報担当官にチェックされる。もし、それが特定の部門に関する情報であれば、その部長のチェックを受ける」。これに対し他の転住所の代表者たちも、「マンザナーと同じ」「検閲はない」「転住所長のチェックを受ける」など、ほぼ同様の報告をしている。

ここで重要なのは、極端な場合を除いて、このように「穏健」な「監督」で当局は十分にキャンプ新聞を統制できた、ということである。既述のとおり、転住所では新聞の発行ばかりか、日系人の存在自体がＷＲＡに依存していた。その当局が報道内容に目を光らせ、何らかの意見を伝えることは、編集部にとってはそれだけで重大な意味をもったからである。

「検閲」でない「検閲」と「自己規制」

見方を変えれば、わざわざ「検閲」をせずとも、当局は思うように報道を統制できていた、ということである。ＷＲＡは集合所で実施されたような「検閲」を意識的に避けていたが、「監督」という名の圧力・干渉に訴えれば、ほとんどの場合、同じ結果を得られたからである。この点について、アリゾナ州ヒラ・リヴァー転住所のチャールズ・キクチ（Charles Kikuchi）は次のように指摘している。「新聞に対しては、どのような目的においても、検閲は実施されていない。しかし、［情報担当官が］編集部にやってくる、その事実だけで、新聞が非公式に監視されていることを意味した」。転住所について網羅的な内部調査をしたＦＢＩ（連邦捜査局、Federal Bureau of Investigation）も、ＷＲＡが「検閲」に訴えることなく適切に報道統制していることを次のように報告している。「これらの新聞は、転住所長やWRAにとって、彼らの問題意識や見解を［日系人］住民に伝える最良の媒体となっている」。

前述した「話しあい」や「確認」「点検」以外にも従業員の選抜や情報提供といった手段が使われているが、WRAによる「監督」の本質は、あからさまな「検閲」をせずに「検閲」と同等の成果をあげること、であったといえる。ワシントンDCのWRA本部では、情報担当官の一人が「監督」の内実を次のような直截《ちょくせつ》的な言葉で要約している。「とにかく、すべては程度の問題である。私が思うに、検閲をしながら、それを検閲のように見せない方法、反感を買わずにおこなう方法があるのである。結局は、やり方次第ということだ」。

もちろん、どれだけ自覚的であったかは別として、日系人が「自己規制」したからこそ「監督」が実効性をもちえた点は無視できない。前述したFBIの内部調査に対し、ワイオミング州ハート・マウンテン転住所の情報担当官は、自分自身は「監督者でしかない」と断る一方で、論争を起こしそうな話題を扱う場合は記者・編集者が自発的に許可を求めてくる、と答えている。日系人の研究者であるレイモンド・オカムラ（Raymond Okamura）は、「収容者の書き手は彼らの仕事を取り巻く困難な条件を理解し、かなりの自己検閲をおこなっていた」と指摘している。

集合所では「検閲」、転住所では「監督」という異なる方法が採用されたが、日系人の「言論・報道の自由」が何らかの制約を受けていたという事実は共通している。有刺鉄線で包囲された収容施設では、いくら「モデル・コミュニティ」を建設する努力がなされようとも、キャンプ新聞は政府当局の統制から完全に逃れることはできなかったのである。

「自由の国」の報道統制――エピローグ

いかなる国家も、ある種の情報コントロールをせずに現代の戦争を戦うことはできない。

マイケル・S・スウィーニー（Michael S. Sweeney, *Secret of Victory* ［Chapel Hill, NC : University of North Carolina Press, 2001］, 2.）

本書が掲げたテーマと三つの問題

プロローグで、本書はアメリカ政府がおこなった戦時報道統制を大テーマとして、日系人の新聞ジャーナリズムをめぐる次の三つの問題に取り組むと宣言した。

（一）日米開戦は、日系人の「敵国語」新聞にいかなる影響を及ぼしたのか？

（二）開戦から半年後、アメリカ本土の日本語新聞はわずか三紙に激減してしまうが、その間に何が起こったのか？

（三）　立ち退き・収容を受けた日系人は、収容施設（キャンプ）でどのような新聞を発行し、またどの程度の「言論・報道の自由」を享受できたのか？

まずはこれら三つの問題について、本書が明らかにしたことを簡潔に要約する。その後、大戦中の日系人ジャーナリズムが受けた統制が意味することを、「戦時下の言論・報道の自由」という、より普遍的な人類の課題に関連づけて論じる。

日米開戦の衝撃

日本とアメリカが突然に戦争をはじめたことで、アメリカ本土の日本語新聞は大打撃を受けた。一夜にして日系人が「敵性外国人」とみなされたように、彼らの新聞もまた「敵国語」新聞となり、予期せぬさまざまな難問に直面せざるをえなくなったからである。

不意の緊急事態で編集部は大混乱をきたしたが、とくに深刻だったのは連邦政府がいち早く統制に着手したことである。政府の動きは実に迅速で、開戦前からすすめていた内偵にもとづき真珠湾攻撃とほぼ同時に動きだしている。ただでさえ予想外の開戦に狼狽《ろうばい》していた日本語新聞は、政府当局が次々に打ちだす強硬策になすすべがなかった。

政府はまず、真珠湾攻撃の当日から特定の編集幹部を逮捕・連行し、場合によっては新聞社の資産を凍結している。中心的な役割をはたしたのは、開戦前から入念に日系人を内偵していたＦＢＩ（連邦捜査局、Federal Bureau of Investigation）である。とくに規模の小さい新聞社では、中心人物や資産を奪われたことで即時的に廃・停刊してしまう場合もあった。比較的に大規模な社は発行を継続することができたが、それでも少なくない新聞が一時的な休刊を余儀なくされている。

政府はまた、いくつかの新聞に対しては日本語記事の英訳提出を命じてもいる。英訳は配達・発送する「前」に提出しなければならず、実質的に「事前検閲」と同じであった。また、英訳作業はただでさえパニック状態にあった新聞社に多大な負担を強いた。

立ち退き・収容にいたるまでの統制

しかし、ここで重要なのは、基本的に政府は日本語新聞をあえて存続させ、適度に統制しながら戦時政策に利用しようとしていた、ということである。最初期こそ強硬策を次々に打ちだし、一部の新聞は発行停止に追い込んでいるが、同時に政府は「敵国語」で書かれた媒体に一定の価値を見いだしてもいた。強権を発動して日系人の新聞を根絶やしにするつもりはなかったのである。

さらにいえば、政府の究極的なねらいは、幹部の逮捕・連行、資産凍結、記事の英訳提出など強度の統制を最初期に実施しておくことで、日本語新聞に「自己規制させる」ことであった。実際、ほぼ思惑どおりの展開になっていた。その証左として、主要日本語新聞の多くは、開戦を機にそれまで親日的だった論調を急激に転換し、その後はひたすら親米路線を歩んでいる。

こうして、立ち退き・収容が決定・実行されるまでの期間、政府は基本的に日本語新聞の「自己規制」にまかせ、ある程度の統制を加えながら翻訳機能つきの「メッセンジャー」として彼らを利用することができた。政府からすれば、「自己規制」に努め、また熱心に自国を支持してくれる日本語新聞は実に利用価値の高い媒体であった。

他方、日本語新聞側はすすんで政府に協力しているが、留意すべきは、そうすることで彼らも一定の恩恵を受けていた事実である。視点を反転させれば、日本語新聞のほうこそ、したたかに政府の力を逆利用していたともいえる。

総体的に見れば、立ち退き・収容にいたるまでの政府と日本語新聞の間には、「不均衡な相互依存関係」が成立していたといえる。両者は、ある程度一致する利害をかかえ、相互に協力・利用しあっていた。であればこそ、一二万人以上もの大集団を立ち退かせ収容するという、過去に例のない複雑で大がかりな政策が滞りなく実行されえたのである。とはいえ、四面楚歌《しめんそか》の「敵国語」新聞の命運は、結局のところ力ではるかに勝る政府が握っていたのであり、その意味で彼らの協力関係は本質的に「不均衡」であった。

均衡を欠いた両者の力関係を象徴するように、最終的に西海岸の日本語新聞は一九四二年五月中旬までにすべて発行を停止させられてしまう。政府が立ち退き・収容政策を実行したためである。戦中を通じて発行を継続できた日本語新聞は、立ち退き命令が及ばないユタ州とコロラド州のわずか三紙であった。

キャンプ新聞の統制

圧倒的な強者である政府が弱者たる日系人のジャーナリズムを統制・利用するという構図は、収容施設である「集合所」(assembly centers)と「転住所」(relocation centers)へも引き継がれた。そもそも、政府は日系人を「潜在的に危険な敵性外国人」とみなしたからこそキャンプに隔離したのであり、そこで彼らに無制限の「言論・報道の自由」を認めるわけがなかった。

まず、立ち退かされた日系人が最初に押し込められた仮設の「集合所」では、担当した陸軍の部局が「市民的自由」の維持よりも「統制」をはるかに重視し、キャンプ新聞に対し厳格な「検閲」を実施している。検閲は事前・事後ともにおこなわれた。しかも、当局は日本語による報道を全面的に禁止した上、新聞に限らず日本語の出版・印刷物全般を「禁制品」に指定し、没収するため家宅捜索まで強行している。軍の論理が支配する当局により、集合所の日系人はあらゆる面で「言論・報道の自由」を奪われていた。当然、日系人の不満はつのるばかりであった。

これに対し、「転住所」を管理・運営した文民当局は比較的にリベラルで、日系人の「言論・報道の自由」に一定の理解を示していた。「民主主義の防衛」「四つの自由」というアメリカの戦争大義を重視し、合衆国憲法が保障している市民的自由をできる限り認めようとしたのである。当局は、転住所をアメリカ一般社会と変わらぬ「モデル・コミュニティ」にしようとし、その一環としてキャンプ新聞の発行に高い優先順位を与えていた。

しかし、その転住所当局とて、言論・報道統制と完全に無縁だったわけではない。「言論・報道の自由」を尊重し「検閲」はしないと明言しながらも、より穏健な「監督」という方法でキャンプ新聞を統制していたからである。この条件つきの「言論・報道の自由」観は、正式な政策文書として明文化されている。それはいわば、露骨な「検閲」をせずに実質的に「検閲」と同じ結果を得ようとするものであった。もちろん、どれだけ自覚的だったかは別として、日系人の「自己規制」が「監督」の実効性を支えていた側面も無視できない。

キャンプ新聞に何らかの干渉をしている点に着目すれば、集合所も転住所も本質的には同じであり、両者の間には「程度の差」があるにすぎなかった。突きつめれば、「有刺鉄線で包囲した収容施設」と「自由で健全なジャーナリズム」は、完全には両立しえない水と油の概念であったといえる。

開戦直後からの一連の流れをあらためて概観すると、軍主導の厳格な言論・報道統制をはさみ、戦時アメリカ政府は基本的に日系人ジャーナリズムを適度に「統制」しながら「利用」していたと結論づけられる。これは政府にとって、「民主主義の防衛」「四つの自由」という理念と、少数派の言動を牽制《けんせい》するという現実とをうまく両立させる、一石二鳥の方策であった。もちろんこれは、政府の力が圧倒的に優勢で、両者の関係が本質的に「不均衡」であったがゆえに可能な統制方法であった。そしてそこからは、戦時下のアメリカに存在した「言論・報道の自由」の外縁、さらにいえば「矛盾」「限界」が浮かびあがる。

普遍的な人類の課題

本書はここまでほぼ一貫して第二次世界大戦期のアメリカ本土の日系人ジャーナリズムと政府の統制について論じてきたが、それは「戦時下の言論・報道の自由」という人類全体にとって普遍的な課題を考える上で有用な材料をもたらしてくれる。あくまで特定の一事例ではあるが、他の時代、国・地域、人種・民族集団などにも共通する要素を多分に含んでいるからである。日系人の体験は、遠い昔のはるかかなたの土地で起きた特殊な出来事ではない。人類すべてが取り組むべき、古くて新しい問題を内包した、きわめて現実的、かつ今日的な課題を象徴しているのである。

問題の根本は、とくに戦争など有事において、国家・社会全体の利益と市民の「言論・報道の自由」をいかに調整するか、である。これは、アメリカの憲法学者であるジョフリー・R・ストーン（Geoffrey R. Stone）が指摘しているように、「建国時からわれわれとともにある……アメリカのジレンマ」であり、同じ悩みはおよそあらゆる民主主義国家・社会にもあてはまる。憲法で明確に戦争放棄を誓っている日本にとっても、けっして他人事ではない。何らかの重大な危機に直面する場面では、たとえ望まなくても、同種の問題に対峙せざるをえないからである。

ところが、「戦時下の言論・報道の自由」は、少なくとも何らかの「民主主義」体制を志向する限り、永遠に解決されえない難題でもある。戦争に臨むということは、国家の存亡をかけるということである。その成否は、個々人を含めた国家・社会全体の命運を左右する。しかし、民主主義とは同時に、成員一人ひとりの自由意志を尊重する統治制度である。では、国家・社会全体の利益と市民の自由・権利が衝突した場合、いかにして均衡を保つべきなのか。これは、完全には両立しえない、いやむしろ本質的に矛盾するものを両立しようとする試みであるがゆえに、結局、いつまでも絶対的な正解にはたどり着けない難問なのである。

一八六〇年代にアメリカの内戦である南北戦争を指揮したエイブラハム・リンカーン（Abraham Lincoln）大統領は、次の疑問を提示することで民主主義に特有のこのジレンマの本質をいいあてている。「必要とあらば、政府は人民の自由に対して強くあり過ぎるべきなのか、そうでないとすれば、政府自身の存在を維持できないほど弱過ぎても仕方ないのだろうか？」 百五十年以上も前に発せられた言葉であるが、現在もなお、そして将来にわたっても全人類を悩ませつづけるであろう普遍的で哲学的な問いである。

統制する政府

しかし、決定的な解のない問題でも、ほぼ確実にいえることがある。それは、古今東西の事例が示しているように、戦時など切迫した危機に際しては、統治する側の政府は「言論・報道の自由」を「許容」するよりも「統制」する方向に傾くということである。なかでも社会的な少数派や弱者が犠牲になりやすいことは歴史が証明しており、第二次世界大戦時の日系人はその典型例である。戦時に、とくにマイノリティのジャーナリズムの自由が狭まることは、過去、幾度となくくり返されてきた、実に「ありふれた」歴史的現象なのである。

戦時政府が市民的自由の制限にむかうことは、前述したリンカーン大統領自身も率直に認めている。いわく、「通常の法では、命と手足の両方が守られなければならない。しかし、ときとして、命を救うために手足を切断しなければならないことがある。手足を守るために命を犠牲にすることが賢明である場合などないのである（傍点は原文ではイタリック）」。

「民主的」な統制

この難問への取り組みに本書が多少なりとも貢献できるとすれば、これまで具体的に例示してきた政府の「統制の仕方」を材料として、そこからより一般性の高い本質的要素を引きだすことである。

本書を終えるにあたりその本質的要素を一言でまとめると、第二次世界大戦時のアメリカ政府は日系人ジャーナリズムを「民主的」に統制しようとしていた、ということに尽きる。既述のとおり、「戦時下の言論・報道の自由」はその性質上、丸く収めようのないジレンマである。だからこそ、戦時政府は表面的には「民主的」な方法に訴えることで、その矛盾自体を見えにくくし、あたかも存在しないかのようにふるまおうとしたわけである。

より具体的にいえば、日米開戦後のアメリカ政府は、集合所での一時期を除き、あからさまな「検閲」を避けながら巧妙に日系人の新聞を統制し、かつ利用していた。参戦にあたり「言論・表現の自由」を含む「四つの自由」の成就を公言していた政府は、憲法が明確に保障していることもあり、自国内でもその自由を維持する必要に迫られた。「敵性外国人」の「敵国語」新聞だからといって、有無をいわせず力ずくで弾圧すれば、戦争大義と憲法の理念にみずから背くことになる。そこで政府は、適度な統制を加えることで日系人ジャーナリズムを「自己規制」にむかわせ、できるだけ「民主的」な外見を保ちながら彼らを操ろうとし、実際にかなりの成功を収めたのである。

「自由の国」ならではの統制方法だといえる。

「自由の国」の真理

日系人の境遇に照らせば実に皮肉であるが、「自由」ほどアメリカ合衆国と切っても切れない言葉はない。それは、平時も戦時も変わらないし、また過去だけでなく、現在、そして将来にわたっても基本的に同じであろう。アメリカの「国是」といっても過言ではない。

しかし、だからといってすべての人民の「自由」がつねに最大限に守られてきたわけではないし、これからも守られるわけではないはずだ。言論・報道の統制、とくに社会的な少数派や弱者に対する統制は、これまで幾度となくくり返されてきたように、今後も何らかの形でつづいていくと考えるべきである。とくに日系人の新聞ジャーナリズムに対しておこなわれたような「民主的」な統制は、外見のみでは判断しにくいだけに、ことさらに目をこらして注視する必要がある。

「自由の国」だからといって、いつも「自由」が安泰だとは限らない。むしろ、つねに警戒していないと、容易に失われてしまう。アメリカに限らず、日本を含むあらゆる民主国家・社会の成員にとって、心しておくべき真理の一端ではなかろうか。

あとがき―献辞・謝辞とともに

第二次世界大戦時のアメリカ本土の日系人ジャーナリズム、とくに新聞を研究テーマとして意識したのは、二十年近く前、アメリカのミズーリ州立大学スクール・オブ・ジャーナリズムに留学中のことでした。日本の大学院を満期退学し、文字どおり不退転の決意で、人生をかけて渡米しました。

いまから思えば、徒手空拳《としゅくうけん》で「自由の国」に身を投じた日本人移民に、自身の境遇をかさねていたのかもしれません。北米大陸のちょうど中心、いわば「どこにあるのかわからない土地」(middle of nowhere)で、必死にもがいていました。

苦しさばかりが先に立つ日常で、数少ない息抜きは、ときに数週間も遅れて図書館に届く日本の新聞でした。内容は「とっくの昔に起きたこと」ばかりで、「ニューズ」どころか、もはや「オールズ」なのですが、目を皿のようにして、一語たりとも見落とすものかと、紙面をなめるように記事を追ったものです。

何らかの理由で配達されない号があろうものなら、そしてそれは頻発したのですが、筆紙に尽くしがたい失望感を味わいました。ひたすら英語で大量の文献を読み、かつ論文を書く日々のなか、日本語活字に対し「飢餓状態」だったのでしょう。

それゆえ、日米開戦後の日系人の苦難について知れば知るほど、彼らにとって命綱であった日本語新聞に関心がむき、また先行研究が不整備であることにも気づくにつれ、いつしか「自分がやらねば誰がやる」と思い定めるようになっていったわけです。

とはいえ、言論・報道統制を解明するためには、「伝えられたこと」以上に、「伝えられなかったこと」を調べる必要があり、研究は難航をきわめました。巨大で堅固な岩盤からわずかな金の粒子を削り集めるような作業が延々とつづき、約二十年の歳月を経て、ようやく本書を上梓することができました。

しかも、あらゆる研究がそうであるように、本書も依然として「発展途上」（in progress）です。「知りえたこと」は少なくなく、その内容には確固たる自信をもっていますが、他方で、まだ「知らないこと」が存在することも確実だからです。「舞台裏」を主題とする研究の特質上、これは宿命といえます。

現時点では書くことができなかった、この先につづくはずの数多くの空白のページを埋める作業は、今後も継続します。「自分がやらねば誰がやる」。我が心中で静かに、しかし綿々と灯るその気持ちが絶えぬ限り。

次に、献辞・謝辞を添えて本書を締めくくります。

まず、水野康佳・春佳、そして世界の未来をになう、すべての若い世代へ本書を捧げます。

謝辞も割愛するわけにはいきませんが、お世話になった方々の名前すべてをここに記すことはできません。恩人とよべる方々があまりにも多く、一人ももらさずに礼をのべることができるか、心もとないからです。

謝辞を最小限にとどめざるをえないのは、ひとえに筆者のいたらなさゆえです。どうかご理解、ご容赦下さい。

誰よりもまず、つねに筆者の一番近くにいてくれる最愛の家族に感謝の言葉を捧げます。妻・智江、亡き父・康宏、母・春子、妹・佳世子の存在なくして、本書はおろか、自分の人生自体が意味をなしません。

とくに智江は、突然あらわれ、狭い自宅を散らかし、しかもなかなか姿をあらわさない「ヨシカワさん」（我が家での本書の別名、日系アメリカ人風のカタカナ表記です）の世話につきっきりとなった夫を、寛大な心で見守ってくれたばかりか、多くの的確な助言により後押ししてくれました。感謝してもし切れません。「ヨシカワさん」はもう成長して巣立ってしまったけれど、夫はあい変わらず家に居座りつづけています。これに懲りずに、今後もよろしく。

もちろん、自分のような無名の研究者に声をかけて下さった吉川弘文館なくして、本書を刊行することはできませんでした。とくに編集部の若山嘉秀・伊藤俊之両氏には、学術出版の職人技に幾度となく感嘆させられ、自分の非力さを嫌というほど思い知らされました。さすが、です。

また、本書を仕上げるために必要とした史料や文献の多くは、東洋大学の井上円了記念研究助成金、および科学研究費補助金により入手できたことも明記しておきます。

最後に、自分に何らかの「恩返し」ができるとすれば、それは研究をさらに深めることだけです。相撲界で「恩返し」は、鍛えてくれた兄弟子たちを投げ飛ばすこと。自分も研究者として、なみいる先学をうならせる腕力をつけなければ。

亡き父なら、こう励ましてくれるでしょう。稽古だ、稽古するしかないんだでぇ！

二〇一四年四月

「ヨシカワさん」が去り無法地帯と化した自室を放心状態で見つめながら

水野剛也

参考文献

有馬純達『シアトル日刊邦字紙の一〇〇年』（築地書館、二〇〇五年）
飯倉　章『イエロー・ペリルの神話―帝国日本と「黄禍」の逆説』（彩流社、二〇〇四年）
飯野正子『もう一つの日米関係史―紛争と協調のなかの日系アメリカ人』（有斐閣、二〇〇〇年）
イチオカ、ユウジ著、富田虎男・粂井輝子・篠田左多江訳『一世―黎明期アメリカ移民の物語り』（刀水書房、一九九二年）
伊藤一男『続・北米百年桜』（北米百年桜実行委員会、一九七二年）
移民研究会編『日本の移民研究―動向と目録』（日外アソシエーツ、一九九四年）
移民研究会編『日本の移民研究―動向と文献目録Ⅱ　一九九二年十月～二〇〇五年九月』（明石書店、二〇〇八年）
蛯原八郎『海外邦字新聞雑誌史』復刻版（名著普及会、一九八〇年、初版は学而書院、一九三六年）
上坂冬子『おばあちゃんのユタ日報』（文藝春秋、一九八五年）
粂井輝子『外国人をめぐる社会史―近代アメリカと日本人移民』（雄山閣出版、一九九五年）
小平尚道『アメリカ強制収容所―戦争と日系人』（玉川大学出版部、一九八〇年）
坂口満宏『日本人アメリカ移民史』（不二出版、二〇〇一年）
島田法子『日系アメリカ人の太平洋戦争』（リーベル出版、一九九五年）

白井　昇『カリフォルニア日系人強制収容所』（河出書房新社、一九八一年）
神　繁司『移民ビブリオグラフィー―書誌でみる北米移民研究』（クロスカルチャー出版、二〇一一年）
新日米新聞社編『米國日系人百年史―在米日系人発展人士録』（新日米新聞社、一九六一年）
タカキ、ロナルド著、阿部紀子・石松久幸訳『もう一つのアメリカン・ドリーム―アジア系アメリカ人の挑戦』（岩波書店、一九九六年）
田村紀雄『アメリカの日本語新聞』（新潮社、一九九一年）
田村紀雄編著『正義は我に在り―在米・日系ジャーナリスト群像』（社会評論社、一九九五年）
田村紀雄・白水繁彦編『米国初期の日本語新聞』（勁草書房、一九八六年）
日本新聞博物館編『企画展「海外邦字紙」と日系人社会』（日本新聞博物館、二〇〇二年）
林かおり『日系ジャーナリスト物語―海外における明治の日本人群像』（信山社出版、一九九七年）
水野剛也『日系アメリカ人強制収容とジャーナリズム―リベラル派雑誌と日本語新聞の第二次世界大戦』（春風社、二〇〇五年）
水野剛也『「敵国語」ジャーナリズム―日米開戦とアメリカの日本語新聞』（春風社、二〇一一年）
山倉明弘『市民的自由―アメリカ日系人戦時強制収容のリーガル・ヒストリー』（彩流社、二〇一一年）

＊　本文中では、各章冒頭のエピグラフを除き、日本国内で刊行された書籍から引用したときのみ出典を示し、入手しにくい学術雑誌やアメリカの日本語新聞などは割愛した。

著者紹介

一九七〇年、東京に生まれる

二〇〇〇年、ミズーリ州立大学スクール・オブ・ジャーナリズム博士課程修了

現在、東洋大学社会学部教授

主要著書・論文

『日系アメリカ人強制収容とジャーナリズム―リベラル派雑誌と日本語新聞の第二次世界大戦』（春風社、二〇〇五年）

『「敵国語」ジャーナリズム―日米開戦とアメリカの日本語新聞』（春風社、二〇一一年）

「日系アメリカ人仮収容所における新聞検閲―収容所規則と新聞検閲の一般的特徴」（『マス・コミュニケーション研究』第六一号、二〇〇二年七月）

"Federal Government Uses of the Japanese-Language Press from Pearl Harbor to Mass Incarceration," *Journalism & Mass Communication Quarterly* Vol. 82, No. 1 (Spring 2005).

"Censorship in a Different Name: Press 'Supervision' in Wartime Japanese American Camps 1942-1943," *Journalism & Mass Communication Quarterly* Vol. 88, No. 1 (Spring 2011).

歴史文化ライブラリー

381

「自由の国」の報道統制

大戦下の日系ジャーナリズム

二〇一四年（平成二十六）七月一日　第一刷発行

著者　水《みず》野《の》剛《たけ》也《や》

発行者　吉川道郎

発行所　株式会社　吉川弘文館

東京都文京区本郷七丁目二番八号

郵便番号一一三―〇〇三三

電話〇三―三八一三―九一五一〈代表〉

振替口座〇〇一〇〇―五―二四四

http://www.yoshikawa-k.co.jp/

印刷＝株式会社　平文社

製本＝ナショナル製本協同組合

装幀＝清水良洋・渡邉雄哉

ISBN978-4-642-05781-3

歴史文化ライブラリー

1996.10

刊行のことば

現今の日本および国際社会は、さまざまな面で大変動の時代を迎えておりますが、近づきつつある二十一世紀は人類史の到達点として、物質的な繁栄のみならず文化や自然・社会環境を謳歌できる平和な社会でなければなりません。しかしながら高度成長・技術革新にともなう急激な変貌は「自己本位な刹那主義」の風潮を生みだし、先人が築いてきた歴史や文化に学ぶ余裕もなく、いまだ明るい人類の将来が展望できていないようにも見えます。このような状況を踏まえ、よりよい二十一世紀社会を築くために、人類誕生から現在に至る「人類の遺産・教訓」としてのあらゆる分野の歴史と文化を「歴史文化ライブラリー」として刊行することといたしました。

小社は、安政四年(一八五七)の創業以来、一貫して歴史学を中心とした専門出版社として書籍を刊行しつづけてまいりました。その経験を生かし、学問成果にもとづいた本叢書を刊行し社会的要請に応えて行きたいと考えております。

現代は、マスメディアが発達した高度情報化社会といわれますが、私どもはあくまでも活字を主体とした出版こそ、ものの本質を考える基礎と信じ、本叢書をとおして社会に訴えてまいりたいと思います。これから生まれでる一冊一冊が、それぞれの読者を知的冒険の旅へと誘い、希望に満ちた人類の未来を構築する糧となれば幸いです。

吉川弘文館

歴史文化ライブラリー

近・現代史

幕末明治 横浜写真館物語——斎藤多喜夫
横井小楠 その思想と行動——三上一夫
水戸学と明治維新——吉田俊純
旧幕臣の明治維新 沼津兵学校とその群像——樋口雄彦
大久保利通と明治維新——佐々木 克
維新政府の密偵たち 御庭番と警察のあいだ——大日方純夫
明治維新と豪農 古橋暉皃の生涯——高木俊輔
文明開化 失われた風俗——百瀬 響
西南戦争 戦争の大義と動員される民衆——猪飼隆明
明治外交官物語 鹿鳴館の時代——犬塚孝明
自由民権運動の系譜 近代日本の言論の力——稲田雅洋
明治の政治家と信仰 クリスチャン民権家の肖像——小川原正道
福沢諭吉と福住正兄《ふくずみまさえ》 世界と地域の視座——金原左門
日赤の創始者 佐野常民《つねたみ》——吉川龍子
文明開化と差別——今西 一
アマテラスと天皇 〈政治シンボル〉の近代史——千葉 慶
明治の皇室建築 国家が求めた〈和風〉像——小沢朝江
明治神宮の出現——山口輝臣
日清・日露戦争と写真報道 戦場を駆ける写真師たち——井上祐子
博覧会と明治の日本——國 雄行
公園の誕生——小野良平
啄木短歌に時代を読む——近藤典彦
東京都の誕生——藤野 敦
町火消たちの近代 東京の消防史——鈴木 淳
鉄道忌避伝説の謎 汽車が来た町、来なかった町——青木栄一
軍隊を誘致せよ 陸海軍と都市形成——松下孝昭
家庭料理の近代——江原絢子
お米と食の近代史——大豆生田 稔
近現代日本の農村 農政の原点をさぐる——庄司俊作
失業と救済の近代史——加瀬和俊
選挙違反の歴史 ウラからみた日本の一〇〇年——季武嘉也
東京大学物語 まだ君が若かったころ——中野 実
海外観光旅行の誕生——有山輝雄
関東大震災と戒厳令——松尾章一
モダン都市の誕生 大阪の街・東京の街——橋爪紳也
マンガ誕生 大正デモクラシーからの出発——清水 勲
第二次世界大戦 現代世界への転換点——木畑洋一
激動昭和と浜口雄幸——川田 稔
昭和天皇側近たちの戦争——茶谷誠一

歴史文化ライブラリー

植民地建築紀行 満洲・朝鮮・台湾を歩く —— 西澤泰彦
帝国日本と植民地都市 —— 橋谷 弘
稲の大東亜共栄圏 帝国日本の〈緑の革命〉 —— 藤原辰史
地図から消えた島々 幻の日本領と南洋探検家たち —— 長谷川亮一
日中戦争と汪兆銘《おうちょうめい》 —— 小林英夫
「国民歌」を唱和した時代 昭和の大衆歌謡 —— 戸ノ下達也
モダン・ライフと戦争 スクリーンのなかの女性たち —— 宜野座菜央見
彫刻と戦争の近代 —— 平瀬礼太
特務機関の謀略 諜報とインパール作戦 —— 山本武利
首都防空網と〈空都〉多摩 —— 鈴木芳行
陸軍登戸研究所と謀略戦 科学者たちの戦争 —— 渡辺賢二
〈いのち〉をめぐる近代史 堕胎から人工妊娠中絶へ —— 岩田重則
戦争とハンセン病 —— 藤野 豊
日米決戦下の格差と平等 銃後信州の食糧・疎開 —— 板垣邦子
「自由の国」の報道統制 大戦下の日系ジャーナリズム —— 水野剛也
敵国人抑留 戦時下の外国民間人 —— 小宮まゆみ
銃後の社会史 戦死者と遺族 —— 一ノ瀬俊也
海外戦没者の戦後史 遺骨帰還と慰霊 —— 浜井和史
国民学校 皇国の道 —— 戸田金一
〈近代沖縄〉の知識人 島袋全発の軌跡 —— 屋嘉比 収

沖縄戦 強制された「集団自決」 —— 林 博史
太平洋戦争と歴史学 —— 阿部 猛
スガモプリズン 戦犯たちの平和運動 —— 内海愛子
戦後政治と自衛隊 —— 佐道明広
米軍基地の歴史 世界ネットワークの形成と展開 —— 林 博史
沖縄 占領下を生き抜く 軍用地・通貨・毒ガス —— 川平成雄
昭和天皇退位論のゆくえ —— 冨永 望
紙 芝居 街角のメディア —— 山本武利
団塊世代の同時代史 —— 天沼 香
闘う女性の20世紀 地域社会と生き方の視点から —— 伊藤康子
女性史と出会う —— 総合女性史研究会編
丸山真男の思想史学 —— 板垣哲夫
文化財報道と新聞記者 —— 中村俊介

文化史・誌

楽園の図像 海獣葡萄鏡の誕生 —— 石渡美江
毘沙門天像の誕生 シルクロードの東西文化交流 —— 田辺勝美
世界文化遺産 法隆寺 —— 高田良信
語りかける文化遺産 ピラミッドから安土城・桂離宮まで —— 神部四郎次
落書きに歴史をよむ —— 三上喜孝
密教の思想 —— 立川武蔵

歴史文化ライブラリー

霊場の思想――佐藤弘夫
四国遍路 さまざまな祈りの世界――星野英紀・浅川泰宏
跋扈《ばっこ》する怨霊 祟りと鎮魂の日本史――山田雄司
藤原鎌足、時空をかける 変身と再生の日本史――黒田 智
変貌する清盛『平家物語』を書きかえる――樋口大祐
鎌倉 古寺を歩く 宗教都市の風景――松尾剛次
鎌倉大仏の謎――塩澤寛樹
日本禅宗の伝説と歴史――中尾良信
水墨画にあそぶ 禅僧たちの風雅――高橋範子
日本人の他界観――久野 昭
観音浄土に船出した人びと 熊野と補陀落渡海――根井 浄
浦島太郎の日本史――三舟隆之
宗教社会史の構想 真宗門徒の信仰と生活――有元正雄
読経の世界 能読の誕生――清水眞澄
戒名のはなし――藤井正雄
仏画の見かた 描かれた仏たち――中野照男
ほとけを造った人びと 止利仏師から運慶・快慶まで――根立研介
〈日本美術〉の発見 岡倉天心がめざしたもの――吉田千鶴子
祇園祭 祝祭の京都――川嶋將生
茶の湯の文化史 近世の茶人たち――谷端昭夫

海を渡った陶磁器――大橋康二
時代劇と風俗考証 やさしい有職故実入門――二木謙一
歌舞伎の源流――諏訪春雄
歌舞伎と人形浄瑠璃――田口章子
落語の博物誌 江戸の文化を読む――岩崎均史
大江戸飼い鳥草紙 江戸のペットブーム――細川博昭
神社の本殿 建築にみる神の空間――三浦正幸
古建築修復に生きる 屋根職人の世界――原田多加司
大工道具の文明史 日本・中国・ヨーロッパの建築技術――渡邉 晶
風水と家相の歴史――宮内貴久
日本人の姓・苗字・名前 人名に刻まれた歴史――大藤 修
読みにくい名前はなぜ増えたか――佐藤 稔
数え方の日本史――三保忠夫
大相撲行司の世界――根間弘海
武道の誕生――井上 俊
日本料理の歴史――熊倉功夫
吉兆 湯木貞一 料理の道――末廣幸代
アイヌ文化誌ノート――佐々木利和
宮本武蔵の読まれ方――櫻井良樹
流行歌の誕生「カチューシャの唄」とその時代――永嶺重敏